変わる学力、変える授業。

21世紀を生き抜く力とは

髙木展郎

三省堂

はじめに

　近年，学校教育が，社会一般からも関心を持って見つめられている。この社会一般から教育に対して関心が高まったのは，平成8年（1996年）の中央教育審議会第一次答申「21世紀を展望した我が国の教育の在り方について」における「生きる力」の提示時期頃からであり，この頃から学力観の転換が始まった。

　「生きる力」は，その発表4年後にOECDが実施したPISA調査（2000年）の学力観とほぼ同方向のものであり，それがPISA調査以前に日本で示されていることは注目に値する。OECDは，21世紀を「知識基盤社会（knowledge-based society）」とし，そこで求められる学力を，これからの時代に先進諸国で必要な学力と位置付け，2000年以降，3年ごとに継続的にPISA調査を行っている。

　これまで学力とされてきた基本的な知識・技能の習得は，ペーパーテストにより量的に測定できる学力として，入試における公平性を担保しつつ，今日の日本の繁栄を創ったことは言を俟たない。しかし，時代が変わる中で，学力を知識・技能の習得のみで捉えることができなくなった。まさに，学力の内容が21世紀になった今日，変わったのである。

　21世紀型学力の基盤となる学力は，これまでの基礎的基本的な知識・技能の習得とともに，それらを活用して課題や問題を解決することのできる思考力・判断力・表現力，さらに主体的に学習に取り組む態度までが，その対象となった。

この学力観の転換は，まさにそれまでの「覚える」学力から，「考える」学力への転換ということになる。

　この学力観の転換は，日本のみではなく，グローバル化が図られている先進諸国全体の問題でもある。「知識基盤社会」において知識の習得と再生とは，コンピュータでも行うことができる。しかし，創造的（Creative）な学力の育成には，知識の習得と再生といういわゆる「覚える」学力のみでは，その能力に不足が生じることは明白である。だからこそ，これまで優れていた日本の学校教育のよいところは残しつつ，時代が求める学力の育成を図ることのできる授業へと，変えなくてはならないのである。

　そこでは，知識・技能の習得や活用に有効な一斉学習形態を残しつつ，問題解決的・課題解決的な学習や学び手の主体性を生かした学習，いわゆる能動的な学習としてのアクティブ・ラーニングも取り入れていかなくてはならない。

　さらに，このような授業形態にこだわるだけではなく，今日求める学力の育成という本質を見失わずに新しい授業を生み出すことこそ，今日的な学力を育成するときの課題となる。そこで，これまでの教科学習を中心とした授業だけではなく，どの教科学習においても基盤となる「汎用性のある技能」の習得が求められる。

　本書においては，このような時代状況の中で変わろうとしている学力観を俯瞰しつつ，時代の中での学力育成のために変えていかなくてはならない授業のあり方を考察した。

目次

はじめに──ii
序　章　学力観の再考──1

第Ⅰ部　学力とは何か

第1章　キー・コンピテンシーとは何か──6
第2章　PISA調査がもたらしたもの──10
第3章　今日求められる学力としての思考力・判断力・表現力──22
第4章　各教科等における言語活動の充実──26
第5章　汎用的スキル（ジェネリック・スキル）の必要性──48

第Ⅱ部　戦後日本の教育における評価の変遷
　　　　──指導要録の改訂を基軸に──

第1章　昭和23年の指導要録（集団に準拠する評価の登場）──58
第2章　昭和36年の指導要録（絶対評価を加味した相対評価）──60
第3章　昭和46年の指導要録（正規分布の見直し）──62
第4章　昭和55年の指導要録（「観点別学習状況の評価」の導入）──64
第5章　平成3年の指導要録（「関心・意欲・態度」の評価の重視）──66
第6章　平成13年の指導要録（目標に準拠した評価への転換）──69
第7章　平成22年の指導要録（目標に準拠した評価の充実）──75

第Ⅲ部　アクティブ・ラーニング（能動的な学び）への視角
　　　　──授業改革の視点──

第1章　講義形式授業からの脱却と基礎・基本の捉え直し──94

第2章　学習活動としてのコミュニケーション——97
第3章　学校全体での学力育成の取り組み——107
第4章　カリキュラム・マネジメントの考え方——113
第5章　これからの時代に求められる教員像——123

第Ⅳ部　汎用的学力育成のための授業
——「聴いて 考えて つなげる」授業——

第1章　時代状況の変化と授業改革——134
第2章　「聴いて 考えて つなげる」授業づくりの意味——138
第3章　授業改革することの意味——143
第4章　「聴いて 考えて つなげる」授業の実践事例——149
第5章　「聴いて 考えて つなげる」授業のポイント——158

第Ⅴ部　汎用性のある授業づくり
——教材研究と授業過程のあるべき姿——

第1章　教師のスタンス——184
第2章　授業研究のあり方——188
第3章　授業づくりの道すじ——200
第4章　学習者個人の授業における学習プロセス——215

参考文献一覧——222
おわりに——224

装丁・本文レイアウト◎臼井弘志（公和図書デザイン室）
本文カット◎藤塚尚子
編集協力◎松本朝子

学力観の再考

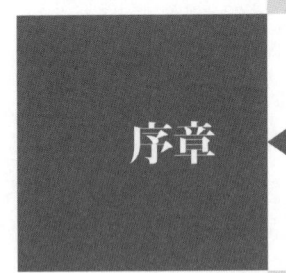
序章

「**学力**」という言葉から，どのような内容を考えるだろうか。また，勉強ができるとは，どのようなことなのだろうか。

これまでの日本の学校教育で育成してきた学力は，知識の習得とその再生であった。教科書等に書いてあるものをいかに多く暗記したか，またそれをペーパーテストなどにおいて，いかに正確に再生できたかを数字で点数化し，それが学力であるとしてきた。

明治以降，**日本の近代化**においては，欧米先進諸国のさまざまな文化や科学を移入することが重要課題であった。そのこと自体は，決して間違ってはいなかった。今日の日本の科学・経済や学問等，さまざまな基盤が創られたとも言える。

しかし，このことが，勉強を通して知識を習得し，それを再生することが学力である，という固定観念を生んでしまったとも言えよう。

ここに，今日においても「学力とは何か」というときに，それは知識の習得量と再生の正確性であるという取り違えのもとが形成されてしまった原因がある。

本来，学力とは時代に応じて変化していくべきものである。近代化の過程において求められた学力と，習熟期を迎えた現代日本に求められる学力とは，おのずと異なってくるはずである。しかしながら，この知識の習得量と再生の正確性という学力観は，一般社会はもとより教育界においても，根強く残っている。

昭和30年代から40年代にかけての**高度経済成長**に伴って，高校進学率と大学進学率の高まりは，学歴社会を生み，その受験で用いられた偏差値によって，進学先を決定することから，**偏差値教育**と呼ばれる時代もあった。

偏差値そのものは，一定の集団の中での位置付けを見るためには，きわめて有効なものである。しかし，偏差値を使って進路を決定し，その数値の獲得のみが目的化してしまった教育に対しての批判が，昭和40年代後半に起きた。

そこで，昭和50年代に入り，一人一人の子どもの個性を大切にする教育を行おうという学力観への転換が図られた。昭和52年版学習指導要領によって「**ゆとりと充実，個別化・個性化教育**」という学習

内容が示されたが，にもかかわらず，この時代においても，学力観は，受験を目的とした知識中心の学力であった。

　平成に入り，社会構造の変化から学校教育で育成する学力観の変化が起こってきた。特に，知識の習得とその再生，という学力のみでは，**国際社会**における産業経済の中で生き残ることが難しくなってきた。そこで，これまでの知識中心の学力観からの転換を図るため，平成8年（1996年）7月の中央教育審議会の第一次答申「21世紀を展望した我が国の教育の在り方について」において「**生きる力**」という学力観が示された。そこでは，「**学習意欲**」も学力として定位され，主体的にいかに生涯学習の中で学び続けることのできる学力を育成するかが，大きな課題として示された。

　しかし，この日本の学校教育における大きな学力観の転換も，それまで自分の原体験の中でしか学力を捉えていない人たちにとっては，ある意味で，見向きもされない学力観であった。教育に深く携わっていない一般の人のみでなく，教育に携わっている教師の中にも，この学力観の転換に気付いていない，あるいは気付こうとしていない人が多くいるのも現実である。また，この明治以降から続いてきている知識の習得とその再生という学力観は，誰もが学校教育で経験や体験をしていることであるため，なかなかその状況から転換できないのが，現実である。

　平成8年7月の中央教育審議会第一次答申時点での［生きる力］の定義は，以下のものであった。

◆ ［生きる力］とは　変化の激しいこれからの社会を生きる子どもたちに身に付けさせたい［確かな学力］，［豊かな人間性］，［健康と体力］の3つの要素からなる力
◆ ［確かな学力］とは　知識や技能はもちろんのこと，これに加えて，学ぶ意欲や自分で課題を見つけ，自ら学び，主体的に判断し，行動し，よりよく問題解決する資質や能力等まで含めたもの
◆ ［豊かな人間性］とは　自らを律しつつ，他人と共に協調し，他人

を思いやる心や感動する心など
- ◆[健康と体力]　たくましく生きるための健康や体力

（当該資料より要約。下線は引用者）

　平成 20 年（2008 年）改訂の学習指導要領に合わせて示された［生きる力］は，以下のように示されている。

- ◆「生きる力」＝知・徳・体のバランスのとれた力
  変化の激しいこれからの社会を生きるために，確かな学力，豊かな心，健やかな体の知・徳・体をバランスよく育てることが大切
- ◆「確かな学力」
  基礎・基本を確実に身に付け，いかに社会が変化しようと，自ら課題を見つけ，自ら学び，自ら考え主体的に判断し，行動し，よりよく問題を解決する資質や能力
- ◆「豊かな人間性」
  自らを律しつつ，他人とともに協調し，他人を思いやる心や感動する心などの豊かな人間性
- ◆「健康・体力」
  たくましく生きるための健康や体力　など

（当該資料より要約。下線は引用者）

　平成 8 年に示されている内容と，平成 20 年の学習指導要領の改訂に合わせて示されている「生きる力」は，大きくは変わっていないものの，この中で注目されるのは，平成 20 年改訂に合わせた**確かな学力**の中に，「考え」ということが入り，**思考力・判断力・表現力**という，いわゆる**考える**学力が明確に示されていることである。
　では，なぜこのような学力観が生まれてきたのであろうか。一旦目を転じ，国際社会が求める学力について，まず考察する。

Ⅰ 学力とは何か

1 キー・コンピテンシーとは何か

　中央教育審議会答申「我が国の高等教育の将来像」(平成17年1月28日)には，21世紀は「**知識基盤社会**(knowledge-based society)」の時代であり，グローバル化が一層進み，これまでの知識・技能は，その時代の変化に合わせて更新しないと時代遅れになるということが述べられている。

　ところで，このような時代が求める学力に，経済協力開発機構(OECD)が提起した「**主要能力(キー・コンピテンシー Key Competency)**」がある。この主要能力(キー・コンピテンシー)は，OECDが2000年から開始した**PISA調査**(OECD生徒の学習到達度調査 Programme for International Student Assessment)の概念的な枠組みとして定義付けられている。

　中央教育審議会「幼稚園，小学校，中学校，高等学校及び特別支援学校の学習指導要領等の改善について(答申)」(平成20年1月17日)の中では，このキー・コンピテンシーについて，「単なる知識や技能だけではなく，技能や態度を含む様々な心理的・社会的なリソースを活用して，特定の文脈の中で複雑な課題に対応することができる力」であり，具体的には，「①社会・文化的，技術的ツールを相互作用的に活用する力，②多様な社会グループにおける人間関係形成能力，③自律的に行動する能力」の3つのカテゴリーで構成されているとしている。ここでは，個として習得した学力よりも，他者との関わりの中で活用できる学力が重視されていると考えられる。

　このことについて，もう少し詳しく見ていこう。

　ドミニク・S・ライチェン，ローラ・H・サルガニク編著，立田慶裕監訳『キー・コンピテンシー——国際標準の学力をめざして』(明石書

店，2006年5月）では，以下のようにキー・コンピテンシーを整理している。

> 1 相互作用的に道具を用いる
>   A 言語，シンボル，テクストを相互作用的に用いる能力
>   B 知識や情報を相互作用的に用いる能力
>   C 技術を相互作用的に用いる能力
> 2 異質な集団で交流する
>   A 他人といい関係を作る能力
>   B 協力する。チームで働く能力
>   C 争いを処理し，解決する能力
> 3 自律的に活動する
>   A 大きな展望の中で活動する能力
>   B 人生計画や個人的プロジェクトを設計し実行する能力
>   C 自らの権利，利害，限界やニーズを表明する能力

また，OECDにおける「キー・コンピテンシー」について，文部科学省は，ホームページ上で，以下のような内容を示している[*1]。

〈キー・コンピテンシーが注目された経緯〉
○教育の成果と影響に関する情報への関心が高まり，「キー・コンピテンシー（主要能力）」の特定と分析に伴うコンセプトを各国共通にする必要性が強調。
○こうしたなか，OECDはプログラム「コンピテンシーの定義と選択」（DeSeCo）を1997年末にスタート。（2003年に最終報告。PISA調査の概念枠組みの基本となっている。）

〈コンピテンシーの概念〉
○「コンピテンシー（能力）」とは，単なる知識や技能だけではなく，

---

*1 http://www.mext.go.jp/b_menu/shingi/chukyo/chukyo3/004/siryo/05111603/004.htm

技能や態度を含む様々な心理的・社会的なリソースを活用して，特定の文脈の中で複雑な要求（課題）に対応することができる力。

〈キー・コンピテンシーの定義〉
○「キー・コンピテンシー」とは，日常生活のあらゆる場面で必要なコンピテンシーをすべて列挙するのではなく，コンピテンシーの中で，特に，①人生の成功や社会の発展にとって有益，②さまざまな文脈の中でも重要な要求（課題）に対応するために必要，③特定の専門家ではなくすべての個人にとって重要，といった性質を持つとして選択されたもの。
○個人の能力開発に十分な投資を行うことが社会経済の持続可能な発展と世界的な生活水準の向上にとって唯一の戦略。

〈キー・コンピテンシーの3つのカテゴリー〉
○キー・コンピテンシーは，
　①社会・文化的，技術的ツールを相互作用的に活用する能力
　　（個人と社会との相互関係）
　②多様な社会グループにおける人間関係形成能力
　　（自己と他者との相互関係）
　③自律的に行動する能力
　　（個人の自律性と主体性）
○この3つのキー・コンピテンシーの枠組みの中心にあるのは，個人が深く考え，行動することの必要性。
　　深く考えることには，目前の状況に対して特定の定式や方法を反復継続的に当てはまることができる力だけではなく，変化に対応する力，経験から学ぶ力，批判的な立場で考え，行動する力が含まれる。
○その背景には，「変化」，「複雑性」，「相互依存」に特徴付けられる世界への対応の必要性。
　　具体的には，
　①テクノロジーが急速かつ継続的に変化しており，これを使いこ

なすためには，一回習得すれば終わりというものではなく，変化への適応力が必要に。
　　②社会は個人間の相互依存を深めつつ，より複雑化・個別化していることから，自らとは異なる文化等をもった他者との接触が増大。
　　③グローバリズムは新しい形の相互依存を創出。人間の行動は，個人の属する地域や国をはるかに超える，例えば経済競争や環境問題に左右される。

　この「キー・コンピテンシー」が，これからの知識基盤社会に必要な学力・能力であり，これをどのように学校教育において育成するかが，これからの日本の学校教育の重要な課題である。

2

PISA調査がもたらしたもの

(1) PISA調査とは何か

　「生きる力」という理念の登場によって学力観の転換が図られたわけであるが，実際には教師や社会の意識転換はなかなか進まなかった。そんな状況にカンフル剤として働いたのが 2000 年から始まった国際的な学力調査である PISA 調査であった。この調査において，読解力が 8 位となり，「日本の学力はもはや世界のトップレベルではない」と喧伝されることになった。いわゆる「**PISA ショック**」である。
　では，この PISA 調査がどのようなものか，確認しておこう。
　OECD（経済協力開発機構）が平成 8 年（1996 年）1 月に開いた教育大臣会議で合意された「万人のための生涯学習の実現」の宣言において，これからの世界は知識基盤社会であり，そのような社会を生きるためには，生涯にわたって学び続けることが重要であると結論付けられた。
　ここで求められているのは，先進諸国がこれからの時代に求める学力である。そして，そのための調査を「**生徒の学習到達度調査**」(PISA 調査) として行うこととした。学校で習った教科の内容の理解度や定着度を見るのではなく，将来社会参加したり，生きていくために必要な学力が身に付いているのかを見る国際比較調査である。
　この調査の目的及び概要については，以下のように示されている。

●調査の目的
　国立教育政策研究所編『生きるための知識と技能』（ぎょうせい，2002 年 2 月）で，以下のように調査の目的が示されている。

> PISA は，学校の教科で扱われているようなある一定範囲の知識の習得を超えた部分まで評価しようとするものであり，生徒がそれぞれ持っている知識や経験をもとに，自らの将来の生活に関係する課題を積極的に考え，知識や技能を活用する能力があるかをみるものである。常に変化する世界にうまく適応するために必要とされる新たな知識や技能は，生涯にわたって継続的に習得していかなければならないからである。その意味では，生涯にわたって学習者であり続けられるような知識，技能がどの程度身に付いているかを見るものでもある。　　　　　　　　　　　　　　　　　　　　　　(p.002)

●調査の概要

調査結果は以下のようにまとめられる。
○参加国が共同して国際的に開発した学習到達度問題を，15歳児を対象として実施する。
○生徒が持っている知識や技能を，実生活のさまざまな場面で直面する課題にどの程度活用できるかどうかを評価する。思考プロセスの習得，概念の理解，及びさまざまな状況でそれらを生かす力を重視しており，特定の学校カリキュラムがどれだけ習得されているかを見るものではない。
○2000年に最初の本調査を実施し，以後3年ごとのサイクルで調査が実施される。
○読解リテラシー（読解力），数学的リテラシー，科学的リテラシーの3分野を調査する。2000年調査では，読解リテラシー（読解力）を中心分野とした。

●2000年調査の結果

調査結果は以下の通りである。
○2000年調査には32か国（OECD加盟国28か国，非加盟国4か国）で約26万5,000人の15歳児が調査に参加した。
○日本の結果は以下の通りである。
　読解力（参加国中8位）　数学的リテラシー（同1位）

科学的リテラシー（同2位）

　ここで問題になったのは，2000年調査の中心分野であった「読解力」が8位と低迷したことである。

(2) PISA型「読解力」（Reading Literacy）とは何か

●PISA型「読解力」となぜ言うのか

　経済協力開発機構（OECD）のPISA調査では，**読解力**，**数学的リテラシー**，**科学的リテラシー**の3分野を3年ごとのサイクルで実施しており，これまで，2000年，2003年，2006年，2009年，2012年と調査があった。

　2000年調査では，文部科学省は，「Reading Literacy」の訳として「**読解リテラシー（読解力）**」としていたが，2003年調査からは「読解力」という用語を用いるようになった。

　しかしながら，この「読解力」という言葉は，国語科教育において以前から使われてきた用語である。

　昭和33年の中学校学習指導要領の国語の目標の2に，「2　経験を広め，知識を求め，教養を高めるために，話を確実に聞き取り，文章を正確に読解し，あわせてこれらを鑑賞する態度や技能を身につけさせる。」（下線は引用者）とあり，これ以降，国語の授業において，読解力の育成が図られてきた。そのため，この昭和33年以降，国語科教育で用いられた「読解」という用語と，PISA調査のReading Literacyの「読解力」とを区別するために，PISA型「読解力」という用語が用いられている。

●PISA型「読解力」が求める学力

　前掲の『生きるための知識と技能』によると，「読解リテラシー」を次のように定めている。

　「読解リテラシーとは，自らの目標を達成し，自らの知識と可能

> 性を発達させ，効果的に社会に参加するために，書かれたテキストを理解し，利用し，熟考する能力である」。　　　　　　　（pp.013）

　この定義文中の「**理解し，利用し，熟考する能力**」について，前掲書では，次のように示している。

> 　「理解」，「利用」そして「熟考」となっているのは，読解には相互作用的な性質があり，読み手は，テキストに連動して自分の考えや経験を呼び起こすという概念を強調するためである。また，評価するために，読者はテキストの内容について考え，それまでの知識や理解を活用したり，テキストの構造や形式を考える必要があるからである。　　　　　　　　　　　　　　　　　　　　（pp.013-014）

(3) 学校教育にPISA型「読解力」を導入した経緯

●「読解力」向上を行うことの経緯

　PISA調査の経緯と，結果に対する文部科学行政の流れは，以下のようになる。

> (1) 平成14年度教育課程実施状況調査（高等学校）の結果公表
> 　　（平成16年1月）
> (2) 文化審議会答申「これからの時代に求められる国語力について」
> 　　（平成16年2月）
> (3) PISA2003（OECD）の結果報告
> 　　（平成16年12月）
> (4) 平成15年度教育課程実施状況調査（小・中学校）の結果公表
> 　　（平成17年4月）
> (5) 中央教育審議会答申「新しい時代の義務教育を創造する」
> 　　（平成17年10月）
> (6) 文部科学省「読解力向上プログラム」
> 　　（平成17年12月）

> (7) 文部科学省「読解力向上に関する指導資料——PISA 調査（読解力）の結果分析と改善の方向——」(平成 17 年 12 月)
> (8) 中央教育審議会教育課程部会審議経過報告（平成 18 年 2 月）

　実は，PISA 調査が行われる以前の，「(1) 平成 14 年度教育課程実施状況調査（高等学校）の結果」において，選択肢のある問題の正答率は高いが，**記述式**の問題になると無答が多く，そこに課題があることが判明した。

　さらに，時代の中で「国語」の力が問われるようになり，文化審議会においても (2)「これからの時代に求められる国語力について（答申）」が出され，国語に関する一般社会での関心が高まった時代でもあった。

　これと併せ，(3) PISA2003 (OECD) の結果報告（平成 16 年 12 月）において，日本の生徒の学力は，「数学的リテラシー」「科学的リテラシー」「問題解決能力」については上位であったが，「読解力 Reading Literacy」の得点が OECD 平均程度（第 14 位）まで低下をしている状況にあることが判明した。そこで，文部科学省では平成 16 年（2004年）12 月にその対策を行うためにワーキンググループを設置し，PISA 調査における「読解力」の考え方を踏まえて，その向上を行うための施策を行った。

　この施策に沿って，文部科学省では，平成 17 年（2005 年）12 月に，次の 2 つの指針となるものを提示した。

> ◆「読解力向上プログラム」
> ◆「読解力向上に関する指導資料——PISA 調査（読解力）の結果分析と改善の方向——」

　そして，読解力をこれまでの国語教育や教科国語の中で行われてきた「読解」や「読解力」と区別するために，PISA 型「読解力」として示すとともに，次のように定義した。

> 　自らの目標を達成し，自らの知識と可能性を発達させ，効果的に

> 社会に参加するために，書かれたテキストを理解し，利用し，熟考する能力*2。 (p.1)

この内容に沿って，学校教育における教科国語のみでなく，すべての教科にわたって「読解力」を育成することが求められることとなった。

●PISA 型「読解力」とは何か

PISA 調査において，「読解力 Reading Literacy」のねらいは，次のように示されている。

> 義務教育修了段階にある生徒が，文章のような「連続型テキスト」及び図表のような「非連続型テキスト」を幅広く読み，これらを広く学校内外の様々な状況に関連付けて，組み立て，展開し，意味を理解することをどの程度行えるかをみる。 (p.43)

この PISA 型「読解力」は，「**書かれたテキスト** written texts」をもとに，「**社会に参加する** participate in society」ということを，学力としているのである。したがって，これまで日本の学校教育，特に国語科を中心として行われてきたいわゆる読解や読解力とは，異なる概念規定であることに留意したい。

そのことをまとめると，以下のようになる。

◆ PISA 型「読解力」を育成していくことは，これまで行われてきた概念とは異なる，新しい概念に基づく教育を行うことでもある。
◆ ただし，これまで日本の国語教育を中心として行ってきた，読解や読解力を否定するものではない。
◆ しかし，詳細な文章の読解のみに終始していることからの転換は，図られなくてはならない。

---

*2 2009 年の PISA 調査からは，PISA 型「読解力」の定義が，以下のようになった。
「自らの目標を達成し，自らの知識と可能性を発達させ，効果的に社会に参加するために，書かれたテキストを理解し，利用し，熟考し，これに取り組む能力」(「これに取り組む能力」が 2009 年調査から新たに加えられた。)

ここには，学校教育におけるこれまでの知識の習得を主とした学力観からの転換を図ろうとする意図が読み取れよう。

●PISA型「読解力」の内容

PISA型「読解力」とは，文章や資料から**「情報を取り出す」**ことに加えて，**「解釈」「熟考・評価」「論述」**することを含むものであり，「読解力向上プログラム」（平成17年12月）では，以下のような特徴を有しているとしている（下線は引用者）。

①テキストに書かれた「情報の取り出し」だけではなく，「理解・評価」（解釈・熟考）も含んでいること。
②テキストを単に「読む」だけではなく，テキストを利用したり，テキストに基づいて自分の意見を論じたりするなどの「活用」も含んでいること。
③テキストの「内容」だけではなく，構造・形式や表現法も，評価すべき対象となること。
④テキストには，文学的文章や説明的文章などの「連続型テキスト」だけではなく，図，グラフ，表などの「非連続型テキスト」を含んでいること。
(p.97)

さらに，これらの内容を，各学校が教科国語を中心としつつ，各教科や総合的な学習の時間等を通じても具体的に取り組む方向性として，以下の3点を目標に掲げている。

【目標①】テキストを理解・評価しながら読む力を高める取組の充実
【目標②】テキストに基づいて自分の考えを書く力を高める取組の充実
【目標③】様々な文章や資料を読む機会や，自分の意見を述べたり書いたりする機会の充実

この3つの目標を具現するための学習プロセスとして，授業での取

り組みをこれまで行われてきたパラダイムから，転換する必要も出てきている。

　その方向性の一つとして，当時の文部科学省初等中等教育局教育課程課長　常盤豊氏が述べていることが参考になる（「言葉の力を育てよう」：『中等教育資料』ぎょうせい，平成17年12月号所収）。

> 　私は，これからの課題として，第一は，言葉の力を育てるに当たっての目標を明確にすることが重要だと考えます。しかも，その際に，『読んだり，聞いたりしたこと（情報の獲得）』を『考えること（思考）』と結び付けた上で，『書いたり，話したりすること（情報の発信）』につなげていく。こうした一連の流れを確実にすることが重要だと考えます。　　　　　　　　　　　　　　　　　　　　(p.13)

　この常盤氏の考え方を整理すると，「聞くこと・読むこと（受信）→考えること（思考）→話すこと・書くこと（発信）」という，一連の流れとなる。このことは，PISA型「読解力」の授業プロセスの方向性を示していると言えよう。

●PISA型「読解力」のプロセス

　「受信する→考える→発信する」という一連のプロセスは，PISA型「読解力」（Reading Literacy）のプロセスと整合性を持った学力でもある。PISA型「読解力」では，これらのプロセスを以下のように分けて捉えている。

> ◆【情報へのアクセス・取り出し】情報を見つけ出し，選び出し，集める。
> ◆【統合・解釈】テキストの中の異なる部分の関係を理解し，推論によりテキストの意味を理解する。
> ◆【熟考・評価】テキストと自らの知識や経験を関連付けたり，テキストの情報と外部からの知識を関連付けたりしながら，テキストについて判断する。

PISA2009年度調査では，日本の子どもたちについては，必要な情報を見つけ出し取り出すことは得意だが，それらの関係性を理解して解釈したり，自らの知識や経験と結び付けたりすることがやや苦手であるということが明らかになった。このことから，日本の学校教育で育成してきた学力では，コンテクスト（文脈）として，自己の学習を定位することに弱点があることが指摘されている。

このPISA型「読解力」で育成される学力は，「**input→intake→output**」というプロセスの中で獲得されるものであり，日本語では「**受信→思考→発信**」となる。

ここには，思考力，判断力，表現力を，言語を用いた活動を通して育成する方向性が示されている。

●PISA型「読解力」の授業

「読解力向上に関する指導資料――PISA調査（読解力）の結果分析と改善の方向――」には，「Ⅱ　PISA調査（読解力）の結果を踏まえた指導の改善」として，次のことが示されている。

> 1　指導の改善の方向
> （1）基本的な考え方
> 　ア　PISA調査のねらいとするところは，現行学習指導要領で子どもに身に付けさせたいと考えている資質・能力と相通じるものであることから，学習指導要領のねらいとするところの徹底が重要である。
> 　イ　PISA調査の結果から明らかになったことと，教育課程実施状況調査の結果とには共通点があることから，教育課程実施状況調査の結果を受けた改善の提言も併せて指導の改善に生かすことが重要である。
> 　ウ　読解力は，国語だけではなく，各教科，総合的な学習の時間など学校の教育活動全体で身に付けていくべきものであり，教科等の枠を超えた共通理解と取組の推進が重要である。

（pp.11-14より抜粋）

PISA 型「読解力」は，これまで日本の学校教育で行ってきた学習とまったく異なることを行うことではない。PISA 型「読解力」の内容と趣旨を理解した上で，教科国語だけではなく，学校の教育活動全体の中での意識的な取り組みを，従前以上に意図的・計画的に行うことが求められているのである。具体的な授業改善の方向については，次のように示されている。

> ①テキストを理解・評価しながら読む力を高めること
> ②テキストに基づいて自分の考えを書く力を高めること
> ③様々な文章や資料を読む機会や，自分の意見を述べたり書いたりする機会を充実すること。　　　　　　　　（pp.14-15 より抜粋）

　このような3つの具体的な方向性を持った授業を行うには，指導のねらいを明確に持たなくてはならない。その指導例は，以下のような7つに分類されることが示されている。

> ア　テキストを理解・評価しながら読む力を高めること
> 　（ア）目的に応じて理解し，解釈する能力の育成
> 　（イ）評価しながら読む能力の育成
> 　（ウ）課題に即応した読む能力の育成
> イ　テキストに基づいて自分の考えを書く力を高めること
> 　（ア）テキストを利用して自分の考えを表現する能力の育成
> 　（イ）日常的・実用的な言語活動に生かす能力の育成
> ウ　様々な文章や資料を読む機会や，自分の意見を述べたり書いたりする機会を充実すること
> 　（ア）多様なテキストに対応した読む能力の育成
> 　（イ）自分の感じたことや考えたことを簡潔に表現する能力の育成　　　　　　　　　　　　　　　　　　　　　　（pp.15-18 より抜粋）

　7つの「指導のねらい」は，これまでの日本の学校教育において，日常的に行われてきた学習指導と重なることが多くある。これまで行

われていないことを新たに立ち上げるのではなく，これまでに授業で行ってきたことに，PISA型「読解力」としての新たな意味を見出していくことも重要となる。

PISA型「読解力」の低迷は，これまでの日本の学校教育で重点化されずにきた内容が，ある意味で学習内容や育成すべき学力の弱点として表れたと言えよう。

しかし，その学習内容や育成すべき学力を，学校教育としてこれまで取り上げてこなかったかというと，そうではない。今ここで重要なのは，これまで行ってきたことの中で，既に行っていることを再度確認し，これからの時代に育成すべき学力の方向性を明確にすることである。

その学力の育成の方向性は，思考力・判断力・表現力の育成にあると言える。

●PISA型「読解力」における評価

学校教育においてPISA型「読解力」を扱った場合，当然そこでは評価が行われなくてはならない。指導があれば，評価があることは言うまでもない。そのことを整理すると，以下のようになる。

> (1) PISA型「読解力」における評価も，これまで行われてきている「目標に準拠した評価」という考え方の中にある。
> (2) 新たに教科の評価とは異なる評価規準を設ける必要はない。これまで各教科で行ってきた評価規準を基に，評価を行うことになる。
> (3) その基となるのが，国立教育政策研究所教育課程研究センター『評価規準の作成，評価方法等の工夫改善のための参考資料』（小学校・中学校平成23年11月，高等学校平成24年7月［共通教科］・平成25年3月［専門教科］）である。
>   この評価規準の参考資料は，今までも平成14年に小中学校，平成16年に高等学校が出されているが，今回のものは，学習指導要領の改訂にあわせて，新しくされている。

(4) 各教科における観点別学習状況の評価として PISA 型「読解力」の評価を考える。

　評価は，既に観点別学習状況の評価で行うようになっている。PISA 型「読解力」における評価も，観点別学習状況の評価として行うことが重要である。

　なお，戦後の日本の学習評価の変遷については，第Ⅱ部（p.57）にて詳しく述べる。

3 今日求められる学力としての思考力・判断力・表現力

(1) 学力の定位

平成 19 年 (2007 年) 6 月に「学校教育法」の一部が改正された。これは，平成 18 年 12 月の**教育基本法改正**を受け，新たに義務教育の目標が規定されるとともに，戦後教育の中で初めて，学力の内容が示された。この学力の内容が示された条項が，以下のものである。

> 第三十条
> 2 前項の場合においては，生涯にわたり学習する基盤が培われるよう，基礎的な知識及び技能を習得させるとともに，これらを活用して課題を解決するために必要な思考力，判断力，表現力その他の能力をはぐくみ，主体的に学習に取り組む態度を養うことに，特に意を用いなければならない。
>
> ※第四十九条で，中学校に準用 ※第六十二条で，高等学校に準用
> ※第七〇条で中等教育学校に準用
> (第十二条特別支援学校は，幼・小・中・高に準ずる教育を施す)

ここには，まず初めに「生涯にわたり学習する基盤が培われるよう」とあるように，生涯学習の重要性が示されている。その上で，以下の 3 つの学力を示している

1. 基礎的な知識及び技能の習得
2. これらを活用して課題を解決するために必要な思考力，判断力，表現力その他の能力
3. 主体的に学習に取り組む態度

この学校教育法30条2項では「主体的に学習に取り組む態度を養うこと」と示されている内容は，中央教育審議会「幼稚園，小学校，中学校，高等学校及び特別支援学校の学習指導要領等の改善について（答申）」（平成20年1月17日）においては，「**学習意欲**」とされている。このことから，「主体的に学習に取り組む態度を養うこと」＝「学習意欲」であることが分かる。
　ここで重要なのは，「基礎的な知識及び技能を習得させるとともに，これらを活用して課題を解決するために」の中の「とともに」ということばである。
　法律を作成するときには，そこに書かれている一つ一つのことばに，意味をもたせている。この「とともに」ということばには，「同時」にという意味があり，「とともに」の前と後との間に，同時性をもたせている。ということは，「**習得**」と「**活用**」には，「習得」してから「活用」を図るというような順序性や段階性はなく，「習得」することと「同時」に「活用」を図らなくてはならないことを示している。
　これまで，国が学力を定義することはなかったが，ここに，学力の重要な要素が定位した。

(2) 現行学習指導要領の学力観

　平成20年（2008年）の学習指導要領は，学校教育法の改正を受け，これからの時代が求める学力を明確に打ち出している。
　「第1章　総則」「第1　教育課程編成の一般方針」には，次のような内容が示されている。

> 1.（前略）
> 　学校の教育活動を進めるに当たっては，各学校において，児童（生徒）に生きる力をはぐくむことを目指し，創意工夫を生かした特色ある教育活動を展開する中で，基礎的・基本的な知識及び技能を確実に習得させ，これらを活用して課題を解決するために必要な思考力，判断力，表現力その他の能力をはぐくむとともに，主体的

に学習に取り組む態度を養い，個性を生かす教育の充実に努めなければならない。その際，児童(生徒)の発達の段階を考慮して，児童(生徒)の言語活動を充実するとともに，家庭との連携を図りながら，児童(生徒)の学習習慣が確立するよう配慮しなければならない。

　教育は誰もが体験や経験をし，それについて語ることができる。しかし，それは一人一人異なる，かなり限定された体験や経験であり，個の体験や経験を持って教育の全体を語ることは難しい。
　したがって，学力に関しても，その捉え方にさまざまな考えがあり，これまで学力の明確な定義化はされてこなかったとも言えよう。
　また，時代によって学力観は異なってきた。学校教育法や学習指導要領に示されている学力観も，今後変わる可能性がないとは言えない。しかし，一定の基準性を持つため，これまでのように，学力観がその捉え方によって異なる，ということはなくなった。これからの時代に公教育が求め，育成していかなくてはならない学力は，ここに示されている学力である。
　平成20年3月に告示された小学校学習指導要領，中学校学習指導要領，平成21年3月に告示された高等学校学習指導要領の「解説」「総則編」(小学校平成20年6月，中学校平成20年7月，高等学校平成21年7月)には，「第1章　総説」「1　改訂の経緯」で，小学校，中学校，高等学校に同様の，以下の記述がある。

　21世紀は，新しい知識・情報・技術が政治・経済・文化をはじめ社会のあらゆる領域での活動の基盤として飛躍的に重要性を増す，いわゆる「知識基盤社会」の時代であると言われている。このような知識基盤社会化やグローバル化は，アイディアなど知識そのものや人材をめぐる国際競争を加速させる一方で，異なる文化や文明との共存や国際協力の必要性を増大させている。このような状況において，確かな学力，豊かな心，健やかな体の調和を重視する「生きる力」をはぐくむことがますます重要になっている。
　他方，OECD(経済協力開発機構)のPISA調査など各種の調査

からは，我が国の児童生徒については，例えば，
　①思考力・判断力・表現力等を問う読解力や記述式問題，知識・技能を活用する問題に課題，
　②読解力で成績分布の分散が拡大しており，その背景には家庭での学習時間などの学習意欲，学習習慣・生活習慣に課題，
　③自分への自信の欠如や自らの将来への不安，体力の低下といった課題，
が見られるところである。
　このため，平成17年2月には，文部科学大臣から，21世紀を生きる子どもたちの教育の充実を図るため，教員の資質・能力の向上や教育条件の整備などと併せて，国の教育課程の基準全体の見直しについて検討するよう，中央教育審議会に対して要請し，同年4月から審議が開始された。この間，教育基本法改正，学校教育法改正が行われ，知・徳・体のバランス（教育基本法第2条第1号）とともに，基礎的・基本的な知識・技能，思考力・判断力・表現力等及び学習意欲を重視し（学校教育法第30条第2項），学校教育においてはこれらを調和的にはぐくむことが必要である旨が法律上規定されたところである。　　　　　　　　　　　　　　　　　(p.1)

　ここに，今回の学習指導要領改訂の趣旨が見て取れる。先述したが，教育は，日本においてほとんどの人が体験や経験をしており，どうしても自分の受けてきた教育をもとに，現在の教育を語ることが多くなる。この自己の原体験に依拠した教育論議は，未来を生きるこれからの子どもたちの教育を志向するには，無理があると言わざるを得ない。平成20年改訂の学習指導要領に示されている学力は，まさに，現代的課題に向き合うものであると言えよう。
　学習指導要領は，これまで見てきたように，先進諸国が求めるこれからの時代に必要な学力観を反映しているものであり，また，その内容の敷衍化は，日本の子どもたちの学力の育成の機会均等を保障するものでもある。

4 各教科等における言語活動の充実

(1)「各教科等における言語活動の充実」の登場

　中央教育審議会「幼稚園，小学校，中学校，高等学校及び特別支援学校の学習指導要領等の改善について（答申）」（平成20年1月17日）において，学習指導要領の改訂に当たって重視すべき事項が6点にわたって掲げられている。

> 第一は，各教科等における言語活動の充実である。
> 第二は，科学技術の土台である理数教育の充実である。
> 第三は，伝統や文化に関する教育の充実である。
> 第四は，道徳教育の充実である。
> 第五は，体験活動の充実である。
> 第六は，小学校段階における外国語活動についてである。
>
> (p.52)

　学習指導要領は，国が一定の基準として示している教育課程であり，教育の機会均等を保障するものである。そこには，時代に求められる学力観が示されている。

　評価の歴史を振り返ると明らかなとおり，戦後の教育の中では理数系教育が重視されてきた。しかし，平成20年の改訂では，理数系教育を重視しつつも，重視すべき事項の第一に「**各教科等における言語活動の充実**」があげられたことに，大きな意味がある。

(2)「言語活動の充実」が打ち出された経緯

「学習指導要領　総則」には，指導計画の作成等に当たって配慮すべき事項が，以下のように示されている。

> 第4　指導計画の作成等に当たって配慮すべき事項
> 2 以上のほか，次の事項に配慮するものとする。
> (1)各教科等の指導に当たっては，児童（生徒）の思考力，判断力，表現力等をはぐくむ観点から，基礎的・基本的な知識及び技能の活用を図る学習活動を重視するとともに，言語に対する関心や理解を深め，言語に関する能力の育成を図る上で必要な言語環境を整え，児童（生徒）の言語活動を充実すること。
> 　　　　　　　　　　　　　　　　　　　　　(小 p.16)（中 p.18）

　ここでは，学力としての「**思考力，判断力，表現力等**」を育成するために，「言語活動の充実」を図ることに配慮することが求められている。
　この「各教科等における言語活動の充実」が重視される背景について，少し詳しく見ていきたい。
　PISA2000年・2003年調査において，「読解力」(PISA型「読解力」)の低迷が問題になったことはすでに述べた。
　一方，2004年2月には，文化審議会から「これからの時代に求められる国語力について」という答申が出された(次ページ参照)。
　その審議委員として藤原正彦(『祖国とは国語』講談社，2003年4月。『国家の品格』新潮社，2005年11月)や，齋藤孝(『声に出して読みたい日本語』草思社，2001年)が入っていたこともあり，ある意味で「**国語力**」がブームとなった時代であった。

I 学力とは何か?

● **参考資料**（当該資料より部分抜粋し掲出）

文化審議会答申
「これからの時代に求められる国語力について」
（平成16年2月）

I これからの時代に求められる国語力について
第1 国語の果たす役割と国語の重要性
　国語の果たす役割と国語の重要性については，母語としての国語という観点から，次のように，「個人にとっての国語」「社会全体にとっての国語」「社会変化への対応と国語」という3点に整理される。
　1　個人にとっての国語
　　　個人にとっての国語が果たす役割は，以下に示すように，「知的活動の基盤」「感性・情緒等の基盤」「コミュニケーション能力の基盤」として，生涯を通じて，個人の自己形成にかかわる点にあると考えられる。
　2　社会全体にとっての国語
　　　社会全体にとっての国語は，以下に示すような役割を持ち，文化を継承し，創造・発展させるとともに，社会を維持し，発展させる基盤となると考えられる。
　3　社会変化への対応と国語
　　　価値観の多様化，都市化，少子高齢化，国際化，情報化など，社会の変化が急速に進む中で，各人がその変化に対応するために，国語は重要な役割を果たすものと考えられる。

第2 これからの時代に求められる国語力
　1　国語力の向上を目指す理由
　2　国語力を構成する能力等
　　(1) 国語力のとらえ方について
　　(2) 国語力の中核を成す領域
　　(3)「国語の知識」や「教養・価値観・感性等」の領域

II これからの時代に求められる国語力を身に付けるための方策について
第1 国語力を身に付けるための国語教育の在り方
　1　国語教育についての基本的な認識
　　〈国語教育は社会全体の課題〉

国語教育に関し，特に重要な役割を担うのは学校教育であるが，その中でも小学校段階における国語教育は極めて重要である。しかし，言葉にかかわる国語教育の問題は学校教育だけに限定できるものではない。家庭や地域社会における言語環境が，子供たちの国語力に大きな影響を及ぼしていることに配慮し，学校教育，家庭教育，社会教育などを通じて，国語教育を社会全体の課題としてとらえていく必要がある。
〈言葉への信頼を育てることが大切〉
〈情緒力・論理的思考力・語彙力の育成を〉
〈「自ら本に手を伸ばす子供」を育てる〉
〈発達段階に応じた国語教育を〉
〈発達段階に応じた国語教育の具体的な展開〉

2　学校における国語教育

(1) 基本的な考え方
〈国語教育を中核に据えた学校教育を〉
　学校教育においては，国語科はもとより，各教科その他の教育活動全体の中で，適切かつ効果的な国語の教育が行われる必要がある。すなわち，国語の教育を学校教育の中核に据えて，全教育課程を編成することが重要であると考えられる。その際には，国語科で行うべきことと他教科で行うべきこととを相互の関連を踏まえて整理していくこと，学習の進度についても様々な子供たちが存在しているという現実を踏まえること，学習の目的を明確にした上で子供たちの意欲を喚起させるような在り方を考えることが必要である。
(2) 国語科教育の在り方
〈国語科教育で育てる大切な能力〉
　学校における国語科教育では，「情緒力」「論理的思考力」「思考そのものを支えていく語彙力」の育成を重視していくことが必要である。
〈教科内容をより明確にする〉
　国語科教育の大きな目標の一つは，情緒力と論理的思考力の育成にある。
〈指導の重点は「読む・書く」にある〉
〈演劇などを取り入れた授業を〉
〈音読・暗唱と古典の重視〉
〈漢字指導の在り方を考える〉
(3) 国語科と他教科との関係
〈国語科以外の教科でも国語力の育成を〉
　国語力の育成を直接担うのは国語科の役割である。したがって，国語科で

国語力の基礎を確実に身に付けさせて、他教科でも応用できるようにすることが大切である。しかし、国語力は、算数でも理科でもすべての教科の中で養われるものであり、国語科の枠を超えて国語力の育成を考えることが必要である。例えば、社会科や理科でレポートを書いたり、調べたことを発表したりすることは国語力の育成に大切なことである。

さらに、学校教育の全体を通じて、言語環境を整え、あいさつや敬意表現など「生活に密着した言葉」を身に付けさせることにも配慮すべきである。
〈「他教科との連携」と「教員の国語力向上」〉

「話す」「聞く」の指導については、国語科だけでなく、すべての教科で一層意識的に行っていくことが大切である。そうすることで、国語科は「聞く」「話す」「読む」「書く」のバランスに配慮しつつも、「読む」「書く」に重点を置くことができ、現在以上に、効果的・効率的な教育を行うことができると考えられる。

「書く」ことについては、「書く」ことの基本を身に付けさせるとともに、自己表現としての「書く」や論理的思考力を育成する「書く」は国語科を中心に行い、実生活における「書く」は、他教科などで行うという考え方を採ることが大切である。その上で、どの教科でもメモやノートを取ることをこれまで以上に指導していく必要がある。「聞く力」を身に付けるためには「話す」ことを前提として「聞く」ことが有効であるが、そのときに必要となるのも的確にメモを取る力である。

総合的な学習の時間は、国語科との関係を踏まえることも重要であり、教科の学習内容との関連を大切にしながら、子供たちに知的刺激を与えることが必要である。

また、子供たちの国語力を向上させるためには国語科の教員だけでなく、すべての教員が自らの国語力を高める必要があり、国語力に着目した現職教員の研修等の一層の充実を図ることが大切である。このことは、各大学における教員養成や地方公共団体等における教員採用の段階においても十分に配慮されることが望まれる。

3 家庭や社会における国語教育
(1) 基本的な考え方
〈生涯学習的な観点を大切にする〉

国語力を効果的・効率的に向上させるためには、学校教育だけでなく、家庭や社会における国語教育が重要である。特に、家庭や社会の国語教育においては、言語環境としてのマスコミの影響を考慮する必要がある。

また，国語力の向上は，生涯にわたって追求される課題である。したがって，各人が情緒力や論理的思考力など国語力の向上に対して，自覚的に継続して取り組んでいくような社会的な雰囲気を醸成していくことも極めて大切なことである。
〈コミュニケーションを重視する〉
　家庭や地域においては，まずコミュニケーションを増やす努力が大切である。そのことが，子供たちの国語力を育てることに直結すると考えられる。最近では，テレビやビデオを積極的に用いて，子供たちの国語力を育てようとする例も増えているようであるが，何よりも「コミュニケーションの重要性」を考えるべきである。（中略）
　地域社会の中で，子供たちの国語力を育てることが少なくなってきているが，これは，地域社会におけるコミュニケーションが少なくなっているということであり，この問題の深刻さについても考える必要がある。国語が文化の基盤であることを踏まえ，地域のだれもが子供たちとのコミュニケーションを通じて「国語力を育てる責任を有している」という意識を喚起していくことも大切である。
(2) 家庭や地域における取組等
〈家庭で言葉を育てる〉
〈地域社会を大事にする〉
〈マスコミの影響力を活用する〉　　　　　　　　　　　　　(pp.2-19)

　この文化審議会の答申では，「各教科等における言語活動の充実」という用語は，まだ用いられておらず，「国語力」という用語が用いられている。

　しかし，ここで述べられていることは，中央教育審議会「幼稚園，小学校，中学校，高等学校及び特別支援学校の学習指導要領等の改善について（答申）」（平成20年1月17日）の内容との一致が多く認められる。

　上記で求められている学力育成の必要性については，平成17年（2005年）4月に国立教育政策研究所教育課程研究センターが公表した「平成15年度小・中学校教育課程実施状況調査結果の概要」(次ページ参照)においても，同様の指摘がされている。

●参考資料（当該資料より部分抜粋し掲出）

平成17年4月国立教育政策研究所教育課程研究センター「平成15年度小・中学校教育課程実施状況調査結果の概要」

（平成17年4月）

I　調査の概要

(5) 分析の主な特色

【ペーパーテスト調査】

〈話すこと・聞くこと〉

○新たに領域として設けた「話すこと・聞くこと」については，小学校では，目的や相手などの具体的な場面に応じ，立場を明らかにして自分の考えを述べる問題で設定通過率を下回った。

○中学校では，話の内容を聞きとる問題では前回調査の通過率を上回ったが，インタビューの様子を聞いて，話し方の工夫を答える問題では，設定通過率を下回った。

〈書くこと〉

○小学校では，取材・構成に関する問題について前回調査の通過率を上回ったが，設定した条件に即して書くことや，自分の考えを明確にして内容を構成する問題では設定通過率を下回った。

○小・中学校ともに，記述式，特に資料を使って自分の意見を記述する問題は，前回調査の通過率を下回った。中学校では，無解答率も高い。

○中学校では，具体的な条件を示されて書く問題の通過率が低く，文頭や文末を指定して文章を書き直す，推敲に関する問題では設定通過率を下回った。

○OECD/PISA調査において，自分の考えを明確に書く熟考・評価の課題が指摘されたが，小学校では，自分の考えを付け足しながら記述する問題などで設定通過率を下回った。

〈読むこと〉

○文学的な文章を読むことについては，小学校では，登場人物の心情把握や感想に関する問題や，あらすじや内容をとらえる問題では設定通過率を上回ったが，表現の特徴を問う問題では設定通過率を下回った。

○中学校では，自然や人物の描写に注意して読み味わう問題において前回調査の通過率を下回った。

○説明的な文章を読むことについては，OECD/PISA調査において，文章や資料についての解釈や，解釈を踏まえての自分の考えの構築についての課題が指摘

されたが，小学校では，内容がどの段落に当てはまるか選ぶ問題で設定通過率を下回ったほか，引用したり大事なことばを使って表現する問題において，自分の経験のみを記述する傾向が見られるなど，国際調査と同様の傾向が見られた。
○中学校では，段落の要点や筆者の考えをとらえる問題では設定通過率を上回ったが，全体とのかかわりで部分を正確に読み取る問題や，文章の内容を理解した上で適切に要約する問題では，設定通過率を下回った。

(6) 指導上の改善点

　小・中学校を通して，「話すこと・聞くこと」「書くこと」「読むこと」［言語事項］の領域の特性を生かしながら，言語活動を活発にし，学習指導要領の趣旨を踏まえ，国語の力を調和的に育てていくことが必要。

〈小学校〉

○自分の立場や考えを明確にする言語活動の充実

　普段から筆者の問題提起や主張，文章や資料にあらわれているものの見方や考え方に応じて，自分の立場や考え・意見を明確にしながら，聞いたり読んだりする言語活動を多く経験させるようにする必要。また，意見や考えを深めたり高めるために，自分の生活経験や知識と結びつけたり，他の人の立場や考えとの違いを意識して，自分の考えをまとめる言語活動を日常的に行う必要。

○目的や相手に応じた言語活動の充実

　多様な表現様式に応じて言語活動を行う必要があり，できる限りこのような現実的な場面に即した目的や相手を設定した言語活動の場を工夫することや，活用する表現様式の一連の活動に応じて具体化する能力を育成する言語活動を行う必要。

○決められた条件に応じた言語活動の充実

　自由に考えを巡らすことに加え，厳しい制限や決められた条件を提示し，様々に応じる言語活動を数多く経験させるようにする必要がある。多様な文章や資料を取り上げたり，課題や題材も広げて実際に短時間で簡潔に話したり書いたりするなど，条件に応じる力を高めるようにする必要。制限や条件に応じた優れたモデルを示したり，発表原稿や下書きなどを条件に合わせて推敲したり評価したりする活動を学習過程に繰り返し位置付け，意識化を図ったり完成度を高めるように工夫したりする必要。

○表現の方法や工夫を評価する言語活動の充実

　各種の表現様式の特徴について，必要な知識を実例を通して理解させ，目的や相手や場面に応じて，実際の表現の工夫を見つけたり，その妥当性を検討したりするなど，評価しながら読む活動を行う必要。また自分でも効果を

考えて工夫しながら話したり書いたりする言語活動を行う必要。
○多読や比べ読みなどの多様な読書活動の充実
　　情報活用や楽しみ読みなど様々な目的に応じて，必要な図書資料を選んだり，多読や比べ読み，速読や摘読，目標や時間を具体的に決める，など多様な読書活動を積極的に行うとともに，学校図書館等を利用する環境作りを行う必要。
○漢字や語彙を豊かにする言語活動の充実
　　児童の生活や言語活動の実態を把握し，書いたり読んだりする活動などにおいて意図的に習得させるべき漢字や語句を取り出して指導したり，日常の読書活動での選書においても，幅広い文章や資料に出合わせるようにし，新しい漢字や語彙に出合ったり，繰り返し目にするようにしたりする必要。
○国語への関心・意欲・態度を高める言語活動の充実
　　自分の考えや意見を表明することの大切さや，相手の立場や考えを尊重することにつながることなどにも気付かせることが必要。また，様々なジャンルの本を読むことを通して，国語への関心・意欲・態度を高めていくことが必要。
　　相手の立場や考えを尊重しながら，自分の考えや意見を表明したり伝え合ったりする大切さを理解させることも大切。

〈中学校〉
○説得力のある表現の仕方に工夫して話したり，聞いたりする指導の充実
　　話の内容を的確に聞き取ることに加えて，話の内容や意図にふさわしい語句の選択や文の効果的な使い方に注意して聞き取らせる指導が必要。話し手が用いた語句や文の工夫に注して聞かせ，その良さを述べ合ったり，自らの話に役立てて話させる指導の工夫が必要。
○書いた文章を相手や目的に応じて推敲し，適切に自分の意図を表現させる指導の充実
　　書いた文章を相手や目的に応じて，伝えようとする内容が正しく伝わるかどうかを検討し，自分の主張したいことを筋道立てた論理的な文章や，読み手にとってわかりやすい文章にしていく指導が必要。その際，書いた文章を互いに読み合う「評価・批評」の学習との関連を図ったり，文法などの言語事項の指導や，辞書を引く習慣を身に付けさせたりすることも重要。
○表現の意図や効果について考え，自分の意見や感想をもたせる指導の充実
　　文章中の語句や表現を具体的に取り上げて吟味したり味わったりするとともに，文章全体を読むことと関連付けてとらえていくような指導が必要。その際,語彙を豊かにする指導との関連を図りながら,自分の思いや考えを的確に表現させ

るようにしていくことが必要。さらに，自分の読みを深めたり確かめるため，意見や感想の発表だけでなく，生徒同士の話し合い等の交流場面を設けることが大切。
　また，文学的な文章については，文章中の言葉や表現を十分に吟味したり味わったりして，文章全体の読みに関連づける指導が必要。
○文章の構成や展開に即して，内容を要約して理解させる指導の充実
　文章全体を大きく捉えてから細部を詳しく読ませたり，全体の論理の展開とのかかわりの中で細部を詳しく読ませたりするなど，文章の特徴に応じて指導法を工夫することが必要。その際，「話すこと・聞くこと」や「書くこと」との関連を図りながら，相手にわかりやすく伝えるなどの相手意識・目的意識をもたせた指導が大切。
○漢字や語彙を豊かにし，言葉についての意識を高める指導の充実
　漢字の語句を取り出して指導したり，幅広い読書活動をさせたりして，より多くの漢字や語句について触れさせ，語彙を広げようとする意識を高めるような指導の工夫が必要。　　　　　　　　　　　　　　(pp.32-36)

　このような日本の児童生徒の学力の現状は，日本における調査のみでなく，OECDが行ったPISA調査においても，同じような傾向の結果が指摘された。「読解力」は，全参加国中の順位として，2000年調査32ヵ国中8位，2003年調査41ヵ国中14位，2006年調査56ヵ国中15位という結果になってしまったのである（その後回復し，2009年調査65ヶ国・地域中8位，2012調査65ヶ国・地域中4位）。
　特に問題になったのは，**教育課程実施状況調査**でも明らかになったように，生徒が自分の考えを熟考し，それに基づいて自分の考えを書く（表現する）ことが苦手であることが明確になったことであった。
　このように，ことばに関する学力の重要性が指摘される中，文部科学省は，平成18年（2006年）6月1日に「言語力育成協力者会議」を立ち上げた。その趣旨は，学習指導要領全体の見直しについての具体的な検討を行うに当たって，その資料を得るため，外部の有識者等の協力を得て，検討を行うというものであった。
　この言語力育成協力者会議は，「言語力の育成方策について（報告書案）【修正案・反映版】」（平成19年8月16日）をもって，その活動を終えている。そこには，次のような内容が示されている。

● 参考資料(当該資料より部分抜粋し掲出)

言語力の育成方策について(報告書案)
【修正案・反映版】

(平成19年8月16日)

1. 基本的な考え方及び課題

(1) 言語力について

　この報告書では，言語力は，知識と経験，論理的思考，感性・情緒等を基盤として，自らの考えを深め，他者とコミュニケーションを行うために言語を運用するのに必要な能力を意味するものとする。

　また，言語力のうち，主として国語に関するものについて論じるが，言語種別を問わない普遍的かつ基盤的な能力を培うとの観点から，外国語や非言語等に関する教育の在り方についても必要に応じて言及する。

　言語は，文化審議会答申（平成16年2月）が国語力について指摘するように，知的活動，感性・情緒等，コミュニケーション能力の基盤として，生涯を通じて個人の自己形成にかかわるとともに，文化の継承や創造に寄与する役割を果たすものである。

(2) 言語力育成の必要性

　言語に関する豊かな環境が言語力を育てる土壌となる。また，言語を適切に用いることによって物事を決め，作り上げ，解決することができるように言語に対する信頼を高めることが言語力育成の根本にある。

　子どもを取り巻く環境が大きく変化するなかで，様々な思いや考えをもつ他者と対話をしたり，我が国の文化的伝統の中で形成されてきた豊かな言語文化を体験したりするなどの機会が乏しくなったために，言語で伝える内容が貧弱なものとなり，言語に関する感性や知識・技能などが育ちにくくなってきている。このため，言葉に対する感性を磨き，言語生活を豊かにすることが大変強く求められている。

　OECDの国際学力調査（PISA）において「読解力」[注1]が低下していること，いじめやニートなど人間関係にかかわる問題が喫緊の課題となっていることなど，学習の面でも生活の面でも，子どもたちの生きる力を育成するために，言語力の必要性がますます高まっている。

　さらに，社会の高度化，情報化，国際化が進展し，言語情報の量的拡大と質的変化が進んでおり，言語力の育成に対する社会的な要請は高まっている。PISA調査で要請されている，文章や資料の分析・解釈・評価・論述などの能力は，今

日の社会において広く求められるものである。
　中央教育審議会では，学習指導要領の改訂に向けての審議において，今後の学校教育において，知識や技能の習得（いわゆる習得型の教育）と考える力の育成（いわゆる探究型の教育）を総合的に進めていくためには，知識・技能を実際に活用して考える力を育成すること（いわゆる活用型の教育）が求められているとしている。その際，「言葉」を重視し，すべての教育活動を通じて国語力を育成することの必要性が指摘されている。

(注1) いわゆるPISA型読解力は，「自らの目標を達成し，自らの知識と可能性を発達させ，効果的に社会に参加するために，書かれたテキストを理解し，利用し，熟考する能力。」と定義されている。

(3) 言語力育成の課題
　(ア) 言語の果たす役割に応じた指導の充実
　　言語は，知的活動（特に思考や論理），感性や情緒，コミュニケーション（対話や議論）の基盤であることから，それぞれの役割に応じた指導が充実されることが必要である。同時に，これらは相互に関連するものであることから，統合的に育成することについても留意しなければならない。
　(イ) 発達の段階に応じた指導の充実
　　幼・小・中・高等学校における幼児児童生徒の発達の段階に応じて，言語による理解・思考・表現などの方法を身に付けさせるための教育内容・方法の在り方について検討する必要がある。同時に，指導に当たっては，個々の幼児児童生徒の発達の実態や経験の違いに応じた配慮を行う必要がある。
　(ウ) 教科を横断した指導の充実
　　言語は，学習の対象であると同時に，学習を行うための重要な手段である。学習で用いる言語を精査し，国語科を中核としつつ，すべての教科等での言語の運用を通じて，論理的思考力をはじめとした種々の能力を育成するための道筋を明確にしていくことが求められる。
　　そのためには，国語科及び各教科等で用いられる用語や表現・表記の特質に留意しつつ，育成すべき資質を明らかにしておく必要がある。
　(エ) 多様な教育環境を活用した指導の充実
　　言語力を育成するためには，教室内による指導のみならず，学校図書館や地域の文教施設，体験活動の場など多様な教育環境を活用することに留意しなければならない。

2. 知的活動に関すること
　(1) 事実を正確に理解し，的確に分かりやすく伝える技能を伸ばす。

(2) 自らの考えを深めることで，解釈や説明，評価や論述をする力を伸ばす。
　(3) 考えを伝え合うことで，自らの考えや集団の考えを発展させる力を伸ばす。
　(4) 指導方法
3. **感性・情緒等に関すること**
4. **他者とのコミュニケーションに関すること**
5. **指導に当たっての配慮事項等**
　(1) 語彙について
　(2) 言語運用法について
　(3) 教材について
　(4) 読書活動について
　(5) 言語生活について
　(6) 評価について
6. **発達の段階に応じた指導の充実の考え方**
　(1) 基本的な考え方
　(2) 学校段階ごとの指導の特質
7. **教科等を横断した指導の充実の考え方**
　(1) 基本的な考え方
　　言語力の育成を図るためには，前述した観点からの検討が求められるものであるが，学習指導要領の各教科等の見直しの検討に際し，特に次の点に留意することが必要である。
　　（ア）知的活動に関すること
　　（イ）感性・情緒等に関すること
　　（ウ）他者とのコミュニケーションに関すること
　　　言語力の育成については，これらのことを踏まえた上で，国語科を中核としつつ，すべての教科等での言語の運用を通じて，論理的思考力をはじめとした種々の能力を育成するための道筋を明確にしていくことが求められる。その際，各教科等の特質を踏まえて取り組むことが重要である。
　(2) 教科・領域ごとの特質を踏まえた指導の充実
　〈国語〉
　　○ 国語科は言語力育成の中心的な役割を果たすべく，メタ言語活動[注6]の指導の充実など国語科自体の改善を図ることが必要である。
　　○ 例えば，小学校・中学校においては，言語の教育としての立場から，実生活や実社会で必要な言語能力，各教科等の学習の基本となる言語能力，さらに言語文化に親しむ態度を確実に育成することが求められる。

○高等学校においては，加えて，社会人として必要な言語能力の基礎を確実に育成するとともに，言語文化を享受し自ら創造していく能力や態度を育成することを重視する必要がある。
○国語科で育成を図る言語力については，他教科等での活用も視野に入れ，基礎的・基本的な知識・技能を習得することと，それを活用して課題を探究することを重視すべきである。
○言語力を育成するため，「受け答えをする」「事実を正確に伝える」「要点をまとめる」「相手・目的・場面を考えて情報を理解したり伝えたりする」「多面的・多角的に物事を見る」「情報を的確に分析する」「自らの知識や経験に照らして情報を評価する」などの技能や能力を育成していくことが望まれる。このため，発達段階に応じて重点化を図りながら，適切な言語活動や言語運用法の指導を組み込んでいくことが望ましい。
○文章や資料を活用し，論理的に考え，表現する力を育成するためには，「情報の取り出し」→「解釈」→「熟考・評価」して論述するという，いわゆるPISA型読解力のプロセスを参考として指導することが期待される。
○伝え合う力を育成するため，相手の立場を考慮しながら双方向性のある言語活動をしたり，建設的な合意形成を目指した言語活動をしたりする技能を育成することが望ましい。
○我が国の文化や伝統を継承・発展させるため，近現代文学や古典をはじめとする言語文化に親しむ態度や，日常的に読書をしたり表現したりする言語生活を形成する態度を育成することが大切である。
○今日の情報化社会の中で，複数のメディアやテキスト等を活用して，メディアの特性を踏まえた情報評価能力を育成することが期待される。

(注6) メタ言語活動…発表する，感想を述べるなどの言語活動自体について，客観的にとらえ自覚的に行う言語活動。(P)
〈社会，地理歴史，公民〉〈算数・数学〉〈理科〉〈生活科〉〈音楽〉〈図画工作，美術，美術・工芸〉〈外国語〉〈家庭，技術・家庭〉〈情報〉〈体育・保健体育〉〈総合的な学習の時間〉〈道徳〉〈特別活動〉

　　この報告書案の内容は，中央教育審議会「審議のまとめ」（平成19年11月7日）に引き継がれている。
　　「言語活動の充実」ということばは，この中央教育審議会「審議のまとめ」で，初めて用いられるようになった。それゆえ，これまで用いられてきた「言語力」ということばは，以後用いられなくなる。

この「言語活動の充実」ということばを用いるようになったのは，「国語力」や「言語力」というように，言語に関わる能力や学力の育成に関係した用語の用い方がさまざまであったため，内容を明確にするため一つにまとめたものである。

　例えば，「国語力」というと，学校教育において教科国語において重点的に，または，教科国語のみで行われる，という誤解を生じるおそれがある。そこで，すべての教科において，ことばを通して思考し，判断し，それを表現することを明らかにするために，「各教科等における言語活動の充実」という表現を用いたのである。

　平成19年11月に中央教育審議会「審議のまとめ」が出されたことによって，「言語活動の充実」が定位した。

　以下にその内容の一部を示す。

7．教育内容に関する主な改善事項

（1）言語活動の充実
○各教科等における言語活動の充実は，今回の学習指導要領の改訂において各教科等を貫く重要な改善の視点である。

　それぞれの教科等で具体的にどのような言語活動に取り組むかは8．で示しているが，国語をはじめとする言語は，知的活動（論理や思考）だけではなく，5．（7）の第一で示したとおり，コミュニケーションや感性・情緒の基盤でもある。

　このため，国語科において，これらの言語の果たす役割に応じ，的確に理解し，論理的に思考し表現する能力，互いの立場や考えを尊重して伝え合う能力を育成することや我が国の言語文化に触れて感性や情緒をはぐくむことを重視する。具体的には，特に小学校の低・中学年において，漢字の読み書き，音読や暗唱，対話，発表などにより基本的な国語の力を定着させる。また，古典の暗唱などにより言葉の美しさやリズムを体感させるとともに，発達の段階に応じて，記録，要約，説明，論述といった言語活動を行う能力を培う必要がある。

4　各教科等における言語活動の充実

○各教科等においては，このような国語科で培った能力を基本に，知的活動の基盤という言語の役割の観点からは，例えば，
- 観察・実験や社会見学のレポートにおいて，視点を明確にして，観察したり見学したりした事象の差異点や共通点をとらえて記録・報告する（理科，社会等）
- 比較や分類，関連付けといった考えるための技法，帰納的な考え方や演繹的な考え方などを活用して説明する（算数・数学，理科等）
- 仮説を立てて観察・実験を行い，その結果を評価し，まとめて表現する（理科等）

など，それぞれの教科等の知識・技能を活用する学習活動を充実することが重要である。

　また，コミュニケーションや感性・情緒の基盤という言語の役割に関しては，例えば，
- 体験から感じ取ったことを言葉や歌，絵，身体などを使って表現する（音楽，図画工作，美術，体育等）
- 体験活動を振り返り，そこから学んだことを記述する（生活，特別活動等）
- 合唱や合奏，球技やダンスなどの集団的活動や身体表現などを通じて他者と伝え合ったり，共感したりする（音楽，体育等）
- 体験したことや調べたことをまとめ，発表し合う（家庭，技術・家庭，特別活動，総合的な学習の時間等）
- 討論・討議などにより意見の異なる人を説得したり，協同的に議論して集団としての意見をまとめたりする（道徳，特別活動等）

などを重視する必要がある。

○5.(2)でも述べたとおり，各教科等におけるこのような言語活動の充実に当たっては，特に教科担任制の中・高等学校の国語科以外の教師が，その必要性を十分に理解することが重要である。そのためには，学校が各教科等の指導計画にこれらの言語活動を位置付け，各教科等の授業の構成や進め方自体を改善す

○なお，このように各教科等における言語活動を行うに当たっては，これらの学習活動を支える条件として次のような点に特に留意する必要がある。

　第一は，語彙を豊かにし，各教科等の知識・技能を活用する学習活動を各教科等で行うに当たっては，教科書において，このような学習に子どもたちが積極的に取り組み，言語に関する能力を高めていくための工夫が凝らされることが不可欠である。また，特に国語科においては，言語の果たしている役割に応じた適切な教材が取り上げられることが重要である。

　第二に，読書活動の推進である。言語に関する能力をはぐくむに当たっては，読書活動が不可欠である。学校教育においては，例えば，国語科において，小学校では，児童が日常的に読書に親しむための指導内容を，中学校においては生徒の読書をより豊かなものにするための指導内容をそれぞれ位置付けるなど，各教科等において，発達の段階を踏まえた指導のねらいを明確にし，読書活動を推進することが重要である。もちろん，読書習慣の確立に当たっては家庭の役割が大きい。学校，家庭，地域を通じた読書活動の一層の充実が必要である。

　第三は，学校図書館の活用や学校における言語環境の整備の重要性である。言語に関する能力の育成に当たっては，辞書，新聞の活用や図書館の利用などについて指導し，子どもたちがこれらを通して更に情報を得，思考を深めることが重要である。また，様々なメディアの働きを理解し，適切に利用する能力を高めることも必要である。　　　　　　　　　　　　　(p.53-54)

　上記の中でまず押さえなくてはならないのが，「国語をはじめとする言語は，知的活動（論理や思考）だけではなく，」「**コミュニケーションや感性・情緒の基盤**でもある。」とし，国語科の教科目標の実現が重要であることを述べた上で，その具体として「発達の段階に応じて，記録，要約，説明，論述といった言語活動を行う能力を培う必要

がある。」と述べていることである。

そして、「各教科等においては、このような国語科で培った能力を基本に」それぞれの教科における言語活動の充実の観点を、以下の2点に整理している。

◆ 知的活動の基盤という言語の役割の観点から
◆ コミュニケーションや感性・情緒の基盤という言語の役割に関して

さらに、これまでともすると国語科の教員が中心に行ってきた「言語活動の充実」に関して、国語科の教員以外にもその重要性を理解することを求めている。

このことは、当初、「国語力」「言語力」ということばを使っていたことによって、特に中学校、高等学校では**教科担任制**が取られていることもあって、言語活動が、国語科のみの指導に任されがちであったという現状も示している。これに対し、「各教科等における言語活動の充実」ということばは、これからの学力の育成を図るための活動として、すべての教員が、それぞれ自分の担当する教科において「言語活動の充実」を図る指導を行う必要性があることの理解を求めている。

さらに、学校全体の教育活動の中に、各教科に適した「言語活動」を意図的・計画的に位置付けることにより、各教科等の授業の構成や進め方自体を改善する必要があることを示している。このことは、学校全体の教育活動の**カリキュラム・マネジメント**を行うことでもある。特に、教科間の関連や、学年を超えての継続的な言語活動は、意図的・計画的に行われなければ、学校全体としての教育活動としての実現は図られない。

(3)「思考力・判断力・表現力等」と「言語活動の充実」

学校教育法30条の2項において、学力の重要な要素が3つ示された。その中でも今回の学習指導要領改訂においては、「**思考力・判断力・表現力等**」が重要であり、その学力をいかに育成するかが、問われて

いる。
　前記の「審議のまとめ」では，この「思考力・判断力・表現力等の育成」に重要となる具体的な学習活動が①～⑥と示されている。

> ①体験から感じ取ったことを表現する
> ②事実を正確に理解し伝達する
> ③概念・法則・意図などを解釈し，説明したり活用したりする
> ④情報を分析・評価し，論述する
> ⑤課題について，構想を立て実践し，評価・改善する
> ⑥互いの考えを伝え合い，自らの考えや集団の考えを発展させる

　そして，「これらの学習活動の基盤となるものは，数式などを含む広い意味での言語であり」との表現で，思考力・判断力・表現力の育成における言語の重要性が論じられている。さらに，「学習指導要領上，各教科の教育内容として，これらの**記録，要約，説明，論述**といった学習活動に取り組む必要があることを明示すべきと考える」との表現で，国語科だけでなく，各教科等においても記録，要約，説明，論述といった言語活動の重要性が示されている。
　このようなことから，学力の重要な要素としての「思考力・判断力・表現力等」は，「各教科等における言語活動の充実」を通して育成されることが理解されよう。

(4) 学習評価と「言語活動の充実」

　先にも述べたように，中央教育審議会 初等中等教育分科会 教育課程部会「児童生徒の学習評価の在り方について（報告）」（平成22年3月24日）において，児童生徒指導要録の改善の在り方の指針が示された。
　ここにおいても，以下の内容が示すように，言語活動の充実がその重要な意味を持っていることが述べられている。

> ○新しい学習指導要領においては，思考力・判断力・表現力等を育

> 成するため，基礎的・基本的な知識・技能を活用する学習活動を重視するとともに，論理や思考等の基盤である言語の果たす役割を踏まえ，言語活動を充実することとしている。これらの能力を適切に評価し，一層育成していくため，各教科の内容等に即して思考・判断したことを，その内容を表現する活動と一体的に評価する観点（以下「思考・判断・表現」という。）を設定することが適当である。(p.14)

　ここからは，言語活動という「**表現**」を通して，「**思考力・判断力**」という学力の育成が図られているかどうかを評価していくという方向性が見て取れる。
　児童・生徒が思考・判断した内容は表現しなければ見えない。そこで，思考・判断した内容を言語活動を通して表現させ，その内容をもって評価を行うことを通して，「思考力・判断力」が育成されたかを見ることになる。
　「各教科等における言語活動の充実」は，単に活動を充実させることだけではなく，言語活動の充実を図ることを通して，各教科の求める学力を育成するためにある。

(5)「言語活動の充実」の具体化

　「各教科等における言語活動の充実」は，実は，各教科等において既に行われてきたことである。しかし，特に思考力・判断力・表現力との関係において意識して行われてきたものではない。この意識されてこなかったことを，今回の学習指導要領改訂に伴って，意図的・計画的に行っていこうということである。
　言うまでもなく，各教科等における学習指導は，それぞれの教科等の学習指導要領に示されている目標と内容（指導事項）の育成を図ることを目的としている。そして，言語活動は，あくまで活動であり，能力や学力ではない。言い換えれば，言語活動の充実を図ることは，言語活動を行うための能力を育成することではない。言語活動という

活動を通して，各教科等の目標と内容（指導事項）の実現を図ることを意図している。

今回の学習指導要領改訂の中で，各教科等において，言語活動を，意図的・計画的に行うことが，これからの時代が求める学力の育成に機能することになる。

「各教科等における言語活動の充実」において，具体的な学習活動として例示されているのは「記録・要約・説明・論述・討論」等の言語活動である。この言語活動を通して各教科等の求める学力の育成を図ることが，この活動を行うことの意味である。

活動は，活動に終わってしまっては，学力の育成にはならない。活動を通してどのような学力を育成するのか，という見通しと，学力育成の方向性とを指導者が明確に持つことが必要である。そのためには，現状を分析し，把握することが必要となる。現状の分析と把握には，現状に対する自覚が重要である。「自覚する」ということは，対象を相対化することによって可能となる。そのためには，「**メタ認知能力**」を持つことが有効である[*3]。

言語活動の充実は，言語を対象化しており，言語を通した活動をメタ化したメタ言語活動であることが求められる。メタ言語活動を行うということは，対象となる言語活動を自覚的に処理することであり，単なる言語活動より，より高次な言語活動を行うことになる。

(6)「各教科等における言語活動の充実」を図るために

「各教科等における言語活動の充実」を図るには，国語科を中心としつつ，学校教育全体で，その充実を図らなくてはならない。

国語科では，言語活動を通して言語能力という学力の育成を図ることが求められている。国語科という教科における活動のほとんどは，言語活動であり，その活動を通して，国語科が求める学力の育成を図っている。

[*3] メタ認知能力：自らの思考や行動を客観的に捉えて，自覚的に処理する能力。

しかし，国語科以外の各教科は，それぞれの教科の学力の育成を図っているのであり，その学力育成のための活動として言語活動が機能しているのであるということを確認する必要がある。したがって，言語活動の充実ということを目的化することなく，各教科の学習は，あくまでもそれぞれの教科の目標の実現を図るためにあり，そのための方法の一つとして言語活動を取り入れていくということを確認しておきたい。

　「各教科等における言語活動の充実」は，学校教育全体の中で意図的・計画的に行われなければ，その充実を図ることは難しい。そのためには，それぞれの学校の**学校目標**や**グランドデザイン**の中に定位することが必要となる。

　さらに，各教科それぞれの年間指導計画に位置付けることも重要となる。このことは，児童生徒の発達段階にあわせた言語活動を，意図的・計画的に行うことでもある。

　この年間指導計画には，**指導と評価の一体化**ということから，言語活動を通して育成する各教科の「思考・判断・表現」の観点別評価を明確に位置付けておくことが求められる。

　年間指導計画を各教科ごとに共時的に計画するだけでなく，その中に評価の観点を位置付けると共に，児童生徒の学年の発達段階にあわせて通時的な視点も取り入れていくことが必要となる。このような，小学校6年間，中学校3年間を見通した全体計画を，学校のカリキュラム・マネジメントとして行い，全教員共通の理解を図ることが重要である。

　なお，教育は，その本質からして地域や学校の実態及び児童生徒の心身の発達・段階や特性に応じて効果的に行われることが大切であり，また，各学校において教育活動を効果的に展開するためには，学校や教師の創意工夫に負うところが大きい。したがって，各学校においては，国として統一性を保つために必要な限度で定められた規準に従いながら，創意工夫を加えて，地域や学校及び児童生徒の実態に即した教育課程を責任を持って編成，実施する中で，「各教科等における言語活動の充実」を図りたい。

5 ▼ 汎用的スキル(ジェネリック・スキル)の必要性

(1) 育成すべき資質・能力と「汎用的能力」との関係

◉「汎用的能力」とは

　これまでの日本の学校教育における学力は，学習指導要領によって，その目標と内容，さらに，指導事項によって示されている。それは，これまで8回の学習指導要領の改訂によって，時代と共に変化してきている。このことは逆に，学習指導要領によって日本の学校教育における学力が規定されてきたとも言える。

　学習指導要領によって学力が規定されるということは，それによって，個々人が自分勝手に学力を決めるのではなく，日本中の同年齢の学齢期にある学習者に身に付けさせたい学力として**育成すべき資質・能力**の基準を明確にすることにより，教育の機会均等が保障されることになる。

　次の学習指導要領の改訂に当たって，これからの時代に必要とされる学力として**汎用的能力(ジェネリック・スキル)**が注目されている。

◉学力と「汎用的能力」

　先に，学校教育における学力は，学習指導要領に示されていると述べた。また，学習指導要領は，昭和22年(1947年)から約10年ごとに改訂され，それぞれの時代が求める学力を先導的に示してきている。

　しかし，時代が求める学力としての学習指導要領に示されている学力のみではなく，先進諸国においても，「キー・コンピテンシー(Key Competency)」と「リテラシー(Literacy)」とが取り上げられ，その

育成のために学校教育で育成すべき資質・能力の転換が図られようとしている。このことは，日本においても平成20年（2008年）の学習指導要領改訂でも，大きく反映されている。

特に，汎用的能力として成すべき資質・能力が，学力として，これまで学習指導要領に示されてきた目標と内容，さらに，指導事項にどのように関わるのか，また，スキル（Skill）として示された「汎用性のある技能」を「汎用的能力」とするのかは，大きな課題となる。

顧みると，学習指導要領の内容と指導事項には，既に汎用的能力としてのジェネリック・スキルが示されているとも言えよう。だからこそ，学習指導要領に示されている何をもって，ジェネリック・スキル（汎用的能力）であるのか，また，授業においてどのような「汎用性のある技能」の育成を図るのか，ということを整理しなくてはならない。

(2)「汎用的能力」とは

●「汎用的能力」の構造

「汎用的能力」として求められるものに，「キー・コンピテンシー」や「リテラシー」の中に含まれるものがある。さらに，各教科の特性と関わって，読解リテラシー（Reading Literacy）がある。

日本では，学習指導要領の指導事項で示されている能力が，「汎用的能力」の基盤となる内容である。

学校教育において育成すべき学力は，そのベクトルを実社会・実生活に生きることを目的としていることは，言うまでもない。そのことを実現するためには，学校教育においては，まずスキルの獲得が求められよう。そして，そのスキルによってリテラシーが機能し，その結果，コンピテンシーとして，実社会・実生活に生きるものとなる。

ここに，学校教育における汎用的能力育成のためのカリキュラムとしての構造がある。

●「汎用的能力」としての学力

「汎用的能力」としての学力は，その大前提として，内言や外言に

かかわらず，下記のものが学力として定位される。

- ◆ 言語を媒介としての相互作用能力（コミュニケーション）
  社会参画・集団での学びに参加することのできる能力
- ◆ 主体的に関わる能力
- ◆ 思考力・判断力・表現力
- ◆ メディア・リテラシー　等

　例えば，読解リテラシー（Reading Literacy）においては，「受信する→考える→発信する」という一連のプロセスの中で，汎用的能力が育成される。それは，各教科の授業の中では，「聞く・読む【受信する】→思考する・想像する【考える】→書く・話す【発信する】という言語活動を通して，言語能力を育成するプロセスとして，現在も行われている。

　このことは，今日行われている各教科等における「記録，要約，説明，論述，討論」という言語活動も，汎用的能力の育成に関わるジェネリック・スキルと言えよう。

　これらの能力を，各教科等で育成すべき資質・能力として汎用性を高めるために，各教科等における「汎用的能力（ジェネリック・スキル）」が求められる。

(3)「汎用性のある技能」の位置

　これまで日本の学校教育では，国語，算数・数学，社会，理科等というような各教科に分けて，それぞれの教科の内容を学習してきた。しかし，時代は**グローバル化**を迎え，明治以降行われてきた各教科という枠組みの中での学習のみでは，これからの時代に生きて働く学力の育成や，これからの時代が求める学力の内容を充分に育成することができなくなってきている。そのこれからの時代が求める学力として，OECDが言うところのコンピテンシー（Competency）がある。

　このコンピテンシーは，実社会・実生活に生きる学力でもある。この学力をこれからの学校教育の中に，どのように取り入れていくのか

が，大きな課題となっている。このコンピテンシーをこれからの学校教育で育成するための基盤として，「汎用性のある技能」が重要となる。

「汎用性のある技能」とは，各教科の学力を育成するために必要な技能である。しかし，その技能の内容と，その育成の方法とは，「汎用性のある技能」がコンピテンシーの基盤とする故に，その範囲が特定できず，未整理である。

先に OECD が示している「キー・コンピテンシー」は，実社会・実生活に有用な学力として，学校教育を通して育成することが求められている。しかし，この「キー・コンピテンシー」は，学校生活を離れてから有用となる学力であり，学校で育成すべき学力としては，「リテラシー」がある。

このリテラシーは，OECD は「考える」としており，それは日本における学校教育法が規定した，学力としての「思考力・判断力・表現力」という学力に通じるものである。リテラシーは，学校教育の授業を通して育成する資質・能力であり，このリテラシーをいかに育成するかが，重要な課題となる。

このことについて，国立教育政策研究所の平成24年度「プロジェクト研究調査研究報告書　教育課程の編成に関する基礎的研究　報告書5」では，「**21世紀型能力**[*4]**の構想**」として，以下のように示している（p.52 図1参照）。

3. 21世紀型能力の構想
　(1) 基礎力
　　①基礎力とは
　　　ここでは，21世紀の基礎基本として，「基礎力」を位置づけ，言語的リテラシー，数量的リテラシー，情報リテラシーを身につけるために，それらの知識と技能の習熟をめざす。

[*4] 報告書における定義として次のように示されている。「『生きる力』としての知・徳・体を構成する資質・能力から，教科・領域横断的に学習することが求められる能力を資質・能力として抽出し，これまで日本の学校教育が培ってきた資質・能力を踏まえつつ，それらを『基礎』『思考』『実践』の観点で再構成した日本型資質・能力の枠組みである。」

学力とは何か

　知識基盤社会において求められるリテラシーは,「読み書き,算」といった基礎的な知識・技能を身に付ければよいといったものではない。商品の説明書や地図などのさまざまなテキストを読んだり,保険契約書などの数字やグラフを理解したり,コンピュータで検索して情報を収集したり,放射線に関する正しい理解や地球温暖化,省エネルギーなどの環境問題に配慮した生活の在り方を工夫するなど,仕事,家庭,地域などの日常生活のなかで,非常に高度なリテラシーが必要とされるようになってきている。

　このような背景から,リテラシーの概念も大きく変化している。たとえば,国際成人力調査(Programme for the International Assessment of Adult Competencies, PIAAC)では,「リテラシーは,社会に参加し,個人がその目標を達成し,その知識と可能性を発展させるために,書かれたテキストを理解し,

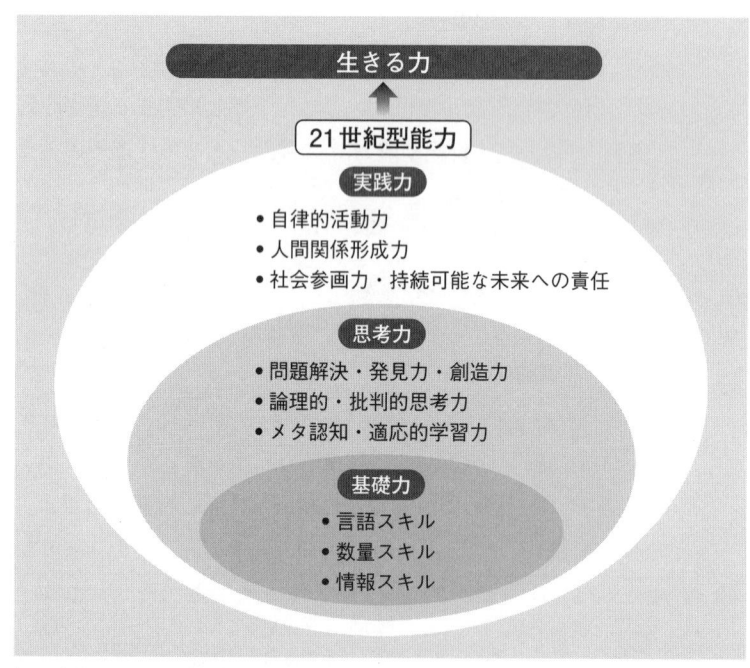

図1｜「21世紀型能力」の枠組

> 評価し，利用し，関わることである」と定義されている。(中略)
> なお，話す・聞く・読む・書くといった言語的リテラシー，数学的な情報を活用する数量的リテラシー，コンピュータ等を通して情報を活用する情報リテラシーは，すべての教科・領域に関わっているため，教育課程の全体で計画的に育成することが求められる。 (pp.86-87)

　上記に示されているリテラシーの概念は，学校教育全体で育成すると共に，社会参画を視角に入れての学力となっている。そして，ここに示されているリテラシーの内容は，今日の学校教育において育成すべき学力の総体としての位置付けが行われている。
　さらに，このプロジェクト研究調査研究報告書では，リテラシーの構成要素として，以下の内容が示されている。

> ②構成要素
> ・言語的リテラシー
> 　言語的リテラシーは，ⅰ．理解とⅱ．表現から構成される。
> ⅰ．理解：聞く・読む・見るといった理解にかかわる言語スキル
> 　・聞く・読む・見ることを通してテキストを理解する
> ⅱ．表現：話す・書く・つくるといった表現にかかわる言語スキル
> 　・表現：話す・書く・つくることを通してテキストを構成して効果的に表現する (p.87)

　ここには，リテラシーの構成要素を支える下位概念としてスキルが示されている。このことは，学校教育におけるリテラシーの育成は，スキルを通して行うことになる構造が示されていることになる。
　スキルの日本語訳は，「技能」であり，この「技能」が学力としての資質・能力の育成を行うために必要な最も基盤となる要素となる。
　これらのことから，「キー・コンピテンシー」を生涯にわたる能力として育成するために，学校教育で育成すべき資質・能力としての「リテラシー」があり，その資質・能力を育成するための要素として

の「スキル」があるという構造となる。

そして、この3つの構造は、単に階層的なものではなく、それぞれが要素が融合して要素を構成しているため、単純化してその構造を整理することは難しい。

(4)「汎用性のある技能」とは

　技能（Skill）は、生得的にあるものではなく、他者から教えられることによって習得される。しかも、繰り返したり工夫したりすることによって、より優れた技能となる。技能の習得は、一過性のものではなく、それを継続的に行うことによって、より高次化する。そこには、段階的な習得だけではなく、突然性のある飛躍もある。そして、その成長が、いつどのように行われたのか、の要因を解明することも難しい。

　学校教育の各教科における学力の育成を図るには、系統性・順序性や段階制も必要である。その各教科において必要とされる技能は、各教科の内容と結びつくために、ある意味で限定的である。しかし、そればかりではなく、各教科の内容を超えて、学校教育全体の中で必要とされる技能もある。

　この学校教育全体の中で必要とされる技能が、「汎用性のある技能」となる。

　この汎用性のある技能は、学校教育において言語を用いる以上、国語科で求める学力と重なるものも多くある。例えば、「人の話をきちんと聴ける」ことも、その一例である。この、人の話を聴く、ということは、国語科の学習のみではなく、他教科の学習においても必要なものである。そこで、「汎用性」ということが問われてくる。

　学校教育において育成すべき学力を、内容面からのみ捉えるのではなく、さまざまな学習内容や学習活動を行うときに、必要とされる技能が、「汎用性のある技能」となる。言い換えるならば、学習を行うに当たって必要とされる技能すべてを、「汎用性のある技能」ということができる。

　この汎用性のある技能を用いて、汎用的な能力の育成を図ることが、

国語科の授業においては，言語活動を通して言語能力を育成することになる。

(5) 国語科における「汎用性のある技能」

　国語科における「汎用性のある技能」は，さまざまなものがある。それは，国語科における言語能力を育成するのに必要な言語活動において必要なスキルであり，そこでは，常に国語学力を育成する，というパースペクティブ（視角）の中に存在することから，まずは，国語学力の規定をすることが前提となる。

　そこで，ここでは「思考力・判断力・表現力」という言語能力育成のための「汎用性のある技能」について，考えたい。

　読解リテラシー（Reading Literacy）の能力の育成を国語科の授業で図るときに，まず，第一に重要となるのは，「受信」である。この「受信」があって，一人一人の学習者が「思考」を行う。さらに「思考」段階でとどまるのではなく，「思考」したことを他者に「発信」しなければ「思考」することの意味はない。

　上記のことを実現するためには，教室における「**コミュニケーション**」が重要となる。しかも，そのコミュニケーションにおいては，発信する側と受け止める側とが，双方向性を有して互いに理解し合うことが必要となる。

　具体的な提案は第IV部（p.133）にて詳述するが，ここに求められるのが「あたたかな聴き方，やさしい話し方」であると考える。

　「あたたかな聴き方」は，相手の話を分かろうとして聴く，聞き手の側の態度や姿勢が関わってくる。また，「やさしい話し方」とは，話し手が相手に分かってもらおうとして話すことであり，そこには，話し手の話す態度や姿勢，さらに話す技術や話す内容の構成や順序等，が関わってくる。

　これらのことは，国語の技能として分節的に育成されるものではなく，それぞれが関わり合って汎用性のある技能として育成されるものである。

II 戦後日本の教育における評価の変遷
―― 指導要録の改訂を基軸に ――

II

1

昭和23年の指導要録
（集団に準拠する評価の登場）

　戦後の日本において，時代によって変遷してきた学力観を見るために，ここでは，学習評価の変遷について，児童生徒の**指導要録**の改訂を基軸に考えてみたい。

　指導要録は，学校教育法施行規則第24条・第28条で作成することが定められており，学籍に関する記録と学校生活に関する指導の過程とその結果の要約を記録するもので，その後の指導に生かすと共に，外部に対する証明などに用いるための原簿である。その様式等は，学習指導要領の改訂に伴って，これまでも7回改訂されている。

　戦前の評価は，絶対評価と呼ばれる評価の中の一つである**認定評価**が行われていた。この認定評価は，評価の判断が教師に委ねられている評価であり，評価の基準が明確に示されていないものであった。そこで，この認定評価は，教師による主観的な評価であるとも言われている。

　戦後教育が始まる中で，教師による主観的な評価から客観的な評価へと転換することが求められ，**相対評価**が，昭和23年の学籍簿（昭和24年から指導要録と改名された）によって導入された。この相対評価は，「**集団に準拠する評価**」であり，学習者が集団の中（例えば，クラスの中）のどの位置にあるか，を示す評価である。ここで用いられた相対評価は，集団を正規分布の比率によって5段階で評価するものであった。その5段階の比率は，5は7％，4は24％，3は38％，2は24％，1は7％とするものである。

　相対評価の考え方によって評定を行う場合，一つの学年で，クラスによる指導者が異なれば，学年全体の被評価者を対象として5段階の

評定を出すことは，誤りである。相対評価は，あくまで指導した内容に対しての評価であり，指導者が異なるときは，被評価者の学習内容等も異なることから，それぞれの指導者ごとに5段階の評定を出さなくてはならない。例えば，学年で複数の指導者が指導したことに対して，統一問題でテストを行い，学年全体で5段階評定を行うことは，相対評価の在り方として誤りである。

　この相対評価の導入によって，この時代以降の評価の基本的な考え方が定着したと言える。言い換えれば，この相対評価が定着することにより，この時代以降の評価が，この時代の枠組みから転換しにくい状況を創ったとも言える。その典型が平均点である。平均点は，学校教育においてペーパーテストを行うと，必ずと言っていいほど，示されてきた。しかし，平均点は，各自の学力が，母集団の中でどのくらいの位置を示しているのかを示すためのツールであり，したがって相対評価による評価の場合にのみ機能するのであり，他の評価方法で用いるものではない。

2

昭和36年の指導要録
（絶対評価を加味した相対評価）

　昭和36年の指導要録の改訂は，昭和33年の学習指導要領（告示）の改訂によるものである。

　この昭和33年に告示された学習指導要領は，**学習内容の系統性**を重視したものとなっている。また，「**道徳**」が教育課程として新設された。

　この時代は，高度経済成長が始まる時期で，産業構造も，それまでの家内制手工業から重化学工業・自動車産業に変化する時代であった。教育界においては，経験主義的な学力観から系統主義的な学力観への転換が図られたが，それは，この時代の教育が社会構造の中に位置付けられ，次代を担う人材育成として，科学的な方法によって学力を育成するためであった。

　昭和36年の指導要録からは，学習指導要領の教科目標および学年目標に照らした，**5段階評価**になった。昭和23年に導入された相対評価は，昭和36年の指導要録改訂において，各教科別の評定として定位し，絶対評価を加味した5段階相対評価となった。

　この評価では，「絶対評価を加味した」という言葉が「5段階相対評価」に冠せられてはいるものの，あくまで相対評価であり，そこでは5段階の比率が決められていたことから，例え成績が向上したとしても他者の成績がそれを上回れば，評定が上がらない評価であった。そのことに対して，いくら児童生徒が努力しても報われないという批判が上がり，その弊害が指摘されるようになった。

　さらに，この相対評価は，教師の主観を排除することに対しては機能したものの，受験戦争を助長するものであるという批判も出るようになった。

戦後，戦前の絶対評価（認定評価としての）が主観的であるという理由から，客観的であると言われた相対評価へ変わったが，この相対評価においても，誰もが納得のできる評価とはなり得ていなかったことが分かる。ここに，評価の難しさと本質がある。

3 昭和46年の指導要録
（正規分布の見直し）

　昭和46年の指導要録の改訂は，昭和43年の小学校，44年の中学校学習指導要領改訂によるものである。

　この時代の日本の教育は，昭和30年代からの科学技術の重視とその発展を図るため，**「教育内容の現代化」**という方向性のもと，小学校段階から学習内容を増やす等，教育課程における授業時間数が増加した。そこでは，**理数系**の科目を重視すると同時に，その高度化を図った。このことは，小学校の算数で集合や関数が導入されたことや，進学校と言われる高等学校の多くで，理数科のクラスが設置されたことに象徴的に表れている。

　さらに，授業時数も，昭和22年版から平成20年版までの中で，最も多い時代であった。そのために，授業についてこられない児童生徒を多数生み出す結果となり，「落ちこぼれ」を生み出しているという批判も生まれた。また，そのことから，**進度別クラス**という，今日の能力別クラスの基となるものも生まれている。

　この時代の終身雇用制度の中で，「いい高校，いい大学へ進学し，いい会社へ就職する」という受験競争が激化していった。そのため，偏差値を用いた進路指導が広く行われるようになり，**偏差値教育**ということに対しても批判が起きている。

　この時代の評価は，昭和36年の指導要録を引き継ぎ，絶対評価を加味した5段階の相対評価であった。しかし，昭和46年の改訂では，相対評価としての5段階評価の配分比率を正規分布ではなくてもよいとする方針が打ち出された。このことは，相対評価による正規分布によって，児童生徒の学習に対する努力が報われない評価と言われたことから，「あらかじめ各段階ごとに一定の比率を定め児童を機械的に

割り振ることのないように留意すること。」との補足によって，相対評価の欠陥を補おうとしたものである。

また，この時代，評価に関する下記の書物が紹介されている。

● B.S. ブルーム，J.T. ヘスティングス，G. F. マドゥス『教育評価法ハンドブック：教科学習の形成的評価と総括的評価』第一法規，梶田叡一・渋谷憲一・藤田恵璽（共訳），昭和48年
● B.S. ブルーム『学習評価ハンドブック（上・下）』第一法規，渋谷憲一・藤田恵璽・梶田叡一（共訳），昭和49年

この B.S. ブルームの二つの著書は，日本の評価に**形成的評価**の考え方を導入した。また，**完全習得学習**（マスタリーラーニング）という理論が輸入され，学力の形成過程で頻繁にチェックを行い，適切なフィードバックを行うことにより，落ちこぼれを作らないで学力の育成を図ることができるという主張がなされた。

このような，心理学における評価の考え方は，完全習得学習以外にも，行動主義心理学の研究に基づく学習方法として取り入れられた「**プログラム学習**」等，日本の教育実践に大きな影響を与えている。

しかし，この時代の心理学に基づく評価は，いわゆる知識をいかに習得するか，習得した知識の量と内容とが問われていた時代の評価であった。したがって授業も，教師主導の，知識の伝達を中心とする授業であった。

4 昭和55年の指導要録
(「観点別学習状況の評価」の導入)

　昭和55年の指導要録の改訂は，昭和52年の学習指導要領の改訂を受けたものである。

　この昭和52年の学習指導要領は，昭和30年代から昭和40年代にかけて日本の学校教育が行ってきた知識習得とその再生を重視する学力観からの，大きな転換を図るものであった。

　それは，「落ちこぼれ」や「学校の荒れ」などへの対応であったが，同時に，昭和48年にオイルショックが起こり，資源のない日本が，その資源を輸入に頼っている日本の社会的，経済的基盤の脆弱さが表面化したことも一因であった。このような現実を踏まえながら，時代の学力の重要課題として，教育の内容の変化を志向したのが，この時期の学習指導要領である。

　この昭和52年の学習指導要領は，それまでの偏差値教育への反省から，ゆとりあるしかも充実した学校生活の実現を図ることを目指したものであった。そのことは，**共通一次試験**を実施（昭和54年）し，高等学校教育における偏った受験指導からの転換を図ろうとしたことにも見て取れる。

　この学習指導要領では，**「知・徳・体」の調和**の取れた発達を目指している。

　具体的には，各教科等の目標や内容を精選して学習負担の適正化を図り，さらに，一人一人の学習者の個性や能力に応じた指導を目指そうとしたものであった。

　また，この時期に一人一人の**個に応じた指導**が言われるようになったことにより，日本におけるオープンスクールが，この時期から導入されている。

今日における教育内容の源は，この期の学習指導要領にあると言えよう。

　ここでは，教育内容に，これまでのような欧米先進諸国のまねでない創造性が求められている。しかしながら実際には，まだまだ行動主義心理学による学習も行われていた。

　このような教育の時代状況の中で，昭和55年に指導要録の改訂が図られた。

　昭和55年の指導要録も，昭和36年の指導要録と同じように，絶対評価を加味した5段階の相対評価であった。しかし，大きな転換として，「**観点別学習状況の評価**」を取り入れ，観点ごとに3段階の絶対評価を行った点に特徴がある。そこでは，絶対評価の考え方がこれまで以上に重視されている。小学校1・2年生が3段階の評定，3年生以上が5段階の評定となった。

　この昭和55年の指導要録の改訂の，もう一つの大きな特徴として，各教科において「**関心・態度**」が，4つの観点の一番最後に示されたことがあげられよう。それまでの評価においては主観的であるとされてきた内容が，評価の観点の最後ではあるが位置付けられたことは，注目すべきである。

　しかし，この「関心・態度」の評価は，何を「関心」とし，何を「意欲」とするのかという評価の難しさにより，評価対象として重視されたとは言い難い状況であった。そこには，評価における主観と客観の問題が，評価者と被評価者との間に根強くあることの裏返しの現象が示されている。

　この昭和最後の学習指導要領と指導要録とによって示された学力観は，教育の質の転換を図ろうとしたが，教育の持つ保守性によって，これまでの教育の内容や学力観の大きな転換は，行えなかった。

5

平成3年の指導要録
（「関心・意欲・態度」の評価の重視）

　平成元年の学習指導要領の改訂は，社会の変化に自ら対応できる心豊かな人間の育成を目指した内容として改訂された。

　この学習指導要領改訂は，政府全体で教育問題を考えるという，昭和59年に設置された中曽根内閣の「臨時教育審議会」（臨教審）の方針の影響を受けている。臨教審では，経済界の市場原理や民間の経営理論を行政に導入するという新自由主義の考え方により，「**個性重視の原則**」，「**生涯学習体系への移行**」，「**変化への対応**」の3つの視点で改革の方策が提言された。これを受け，学習指導要領も大綱化された。

　この臨教審の答申を受けた形で行われた学習指導要領の改訂では，各教科において思考力，判断力，表現力等の育成や，**自ら学ぶ意欲**や**主体的な学習**の仕方を身に付けさせることを重視している。また，この改訂では，昭和52年の学習指導要領の内容を継承しつつ，これまで以上に個性を生かす教育を目指そうとしている。そのため，一人一人の学力の育成と関わり，基礎的・基本的な内容の指導の徹底を図ることも求められた。

　また，個性を重視することから，授業においては，これまでの知識の習得と再生という知識注入型の教育からの転換を求め，「**指導から支援へ**」というキャッチフレーズのもと，教師主導の授業ではなく，児童生徒が自ら学ぶことを求めた。

　ただ，この「指導から支援へ」という言葉が独り歩きし，児童生徒の学習を教師は指導してはいけない，児童生徒の学習の主体性を大切にし，学習を「見取る」ことができればいい，というような誤解も生まれた。さらに，それまでの「学習指導案」も，教師が学習を指導するのではなく支援するものであるから「学習支援案」と変えるべきだ

5 平成3年の指導要録(「関心・意欲・態度」の評価の重視)

というような主張さえ生まれた。

　この改訂において，小学校低学年で**生活科**が新設され，それに伴って低学年の理科と社会が廃止された。中学校では，技術・家庭科に**情報基礎**が導入されるとともに，選択履修幅が拡大された。高等学校では，家庭科が男女必修となり，社会科は解体され，地歴科と公民科に分割され，世界史が必修となった。

　平成元年の学習指導要領改訂に合わせて，平成3年に指導要録が改訂された。

　平成3年に改訂された指導要録では，観点別学習状況の評価の一番初めに「**関心・意欲・態度**」が取り上げられた。これによって，評価規準における「関心・意欲・態度」の重要性が明示された。

　この観点別学習状況の評価では，小学校及び中学校の指導要録の改善に関する調査研究協力者会議審議のまとめ「小学校及び中学校の指導要録の改善について」(平成3年3月13日)において，「自ら学ぶ意欲の育成や思考力，判断力などの能力の育成に重点を置くことが明確になるよう」にすることが求められ，それにあわせて「関心・意欲・態度」，「思考・判断」，「技能・表現(又は技能)」，「知識・理解」の4つの観点が，この順番で示された。特に，「関心・意欲・態度」の評価は，その重要性から4つの観点の一番初めに置かれることになった。

　この観点別学習状況の評価では，その評価対象を「知識・理解」としての認知面の評価のみでなく，「関心・意欲・態度」といった情意面を評価する方向が打ち出されたことに特徴がある。つまり，これまでの知識の習得を中心とした学習の在り方からの転換を図るものであり，そのことから「新しい学習観，学力観」とも言われた。そして，これまで以上に児童生徒一人一人の個性を生かす評価を行うということから，「**観点別学習状況**」の評価を一層重視する方向が求められた。

　具体的な評定では，小学校1・2年では評定を廃止し，3年以上では3段階の評定を行うこと，中学校では，必修教科は従来の5段階の評定を行うこと，外国語以外の選択教科は絶対評価による3段階の評定を行うこととなった。

　しかし，観点別学習状況の評価においては，「関心・意欲・態度」

の評価の方法が難しく，それまでのペーパーテストによる評価が一般化された中で，この「関心・意欲・態度」をどのように評価するべきかが，学校教育において大きな問題となった。そこには，昭和23年度に導入された相対評価に求められた評価における客観性の重視ということが，根強く残っていることが認められる。

6

平成13年の指導要録
（目標に準拠した評価への転換）

(1) 学校を取り巻く時代状況と学校制度の変化

　平成4年度に，公務員の完全週休2日制が導入され，それに合わせ，公立学校では平成4年度（9月）から毎週第2土曜日が休日となり，平成7年度からは，第4土曜日も休日となり4週5休の制度となった。学校が**完全週5日制**になったのは，平成14年度からである。公立学校の教師も公務員であるということから，学校教育の目的や内容からではなく，制度に合わせて学校教育における休業日が決められたとも言えよう。

　学校週5日制を導入するに当たり，その理念の一つとして，これまで以上に地域や家庭との連携を図りながら，各学校が**特色ある学校づくり**を行うことが掲げられた。児童生徒の教育を学校がすべて担うのではなく，**学校と地域や家庭が連携**して行うことや，地域や子どもたちの現状に合った教育を進めていくことへの転換を行おうという方向性を示したものと言えよう。

　また，それは，民間の競争原理を教育の中にも取り入れようとする新自由主義経済の考え方のもと，各学校間の競争も含め，これまでの公教育としての横並びの教育からの転換を目指そうとするものでもあった。

　これらのきっかけになったのは，昭和62年5月の臨時教育審議会「教育改革に関する第三次答申」であり，さらに，平成8年の行政改革委員会の提言を受けた平成9年の「通学区域制度の弾力的運用について（通知）」（文部省）であった。

　この教育における新自由主義的な改革の典型が，東京都品川区の教

育改革である。品川区では、「品川区教育改革プラン『プラン21』」を構想し、平成10年度より準備段階の検討を行い、平成12年度より本格実施をしている。さらに、平成13年度より中学校で通学区域の自由選択制が導入されると共に、平成18年度より品川区の小学校40校、中学校18校のすべてにおいて**小中一貫教育**を行うようになった。

　この**学校選択制**は、その後日本全国に広がり、例えば、尾道市でも平成14年度に教育計画「尾道教育プラン21」を出している。この時代を期に、公教育における競争原理を導入した教育が始まった。

(2) 「生きる力」の登場と学習内容の精選

　平成8年7月の中央教育審議会　第一次答申「21世紀を展望した我が国の教育の在り方について」で[生きる力]が定義され、学力が、単に知識や技能の習得のみではなく、学ぶ意欲や学習者の主体的な学習をも含んだものとして定義された。

　平成10年の学習指導要領では、[生きる力]を学力として定位した上で、教育内容の厳選が図られた。そこでは、これまで小学校と中学校において、各教科の内容が繰り返されていたことに対し、その繰り返しや重複をやめることが行われた。その結果、各教科の指導時数は**3割削減**され、その分、新しい領域として、**総合的な学習の時間**が創設された。

　この総合的な学習の時間は、それまでの知識や技能の習得のみでなく、創造的な学習を行うことのできる時間として、小学校のみでなく、中学校や高等学校においても創設された。

　高等学校においては卒業単位数の削減が行われている（昭和23年度実施から昭和48年度実施までは、85単位以上。昭和57年度、平成6年度実施では、80単位以上。平成15年度実施では、74単位以上）。また、この時期の高等学校においては、科目選択枠が拡大するとともに、情報科の新設や学校設定科目の新設も行われた。さらに、高等学校教育が、大学進学や就職を目的にそれぞれ分離している状況や、普通科の高等学校と職業科の高等学校におけるさまざまな教育問題が派

生していることから，高等学校において，総合学科の新設が行われた。総合学科の新設の趣旨は，文部省初等中等教育局長通知（平成5年3月22日）において「総合学科は普通教育及び専門教育を選択履修を旨として総合的に施す学科であり，高等学校教育の一層の個性化・多様化を推進するため，普通科，専門学科に並ぶ新たな学科として設けられたものであります。」としている。

このような学校を取り巻くさまざまな変革の中で，この時期の学習評価においても，大きな転換が図られた。

(3)「目標に準拠した評価」への転換

平成12年12月4日に，教育課程審議会から「児童生徒の学習と教育課程の実施状況の評価の在り方について」の答申が出された。

同答申においては，観点別学習状況の評価を基本とする従前の評価方法を発展させ，「目標に準拠した評価」を一層重視するとの基本的な考え方に立ち，指導要録における各教科の学習の記録の取扱いについて，観点別学習状況を評価の基本とすることを維持するとともに，評定を「目標に準拠した評価」に改めることとされた。

また，児童生徒一人一人のよさや可能性，進歩の状況などを積極的に評価していく観点から，新設された「総合所見及び指導上参考となる諸事項」の欄において，個人内評価を一層充実していくこととされた。

平成10年の学習指導要領の改訂に伴い，平成13年4月27日に，文部科学省の初等中等教育局長から「小学校児童指導要録，中学校生徒指導要録，高等学校生徒指導要録，中等教育学校生徒指導要録並びに盲学校，聾（ろう）学校及び養護学校の小学部児童指導要録，中学部生徒指導要録及び高等部生徒指導要録の改善等について（通知）」が出された。

この指導要録は，平成10年版の学習指導要領の改訂に伴うもので，平成元年版の学習指導要領の内容を継承するとともに，学習指導要領の「2　内容」を評価規準とする「目標に準拠した評価（いわゆる絶対評価）」を位置付けた。

そこでは，先に示した教育課程審議会答申「児童生徒の学習と教育課程の実施状況の評価の在り方について」（平成12年12月4日）を受け，各学校における指導要録の作成の参考となるよう，それぞれの指導要録に記載する事項等をとりまとめている。
　この局長通知では，学力と評価について，次のように述べられている。

> 　「答申」にもあるように，学力については，知識の量のみでとらえるのではなく，学習指導要領に示す基礎的・基本的な内容を確実に身に付けることはもとより，それにとどまることなく，自ら学び自ら考える力などの「生きる力」がはぐくまれているかどうかによってとらえる必要があります。これからの児童生徒の学習状況の評価に当たっては，このことを適切に評価できるよう，工夫することが必要となります。
> 　また，指導要録は，1年間の学習指導の過程や成果などを要約して記録するものであり，その記録を確かなものにするためには，そこに至るまでの継続的な評価の充実が重要です。このため，これからの評価においては，各学校において，観点別学習状況の評価を基本とした現行の評価方法を発展させ，学習指導要領に示す目標に照らしてその実現状況を見る評価が一層重視されるとともに，児童生徒一人一人のよい点や可能性，進歩の状況などを評価するため，個人内評価が工夫されるようお願いします。それとともに，各学校において，指導と評価の一体化，評価方法の工夫改善，学校全体としての評価の取組が進められるとともに，学習の評価の内容について，日常的に児童生徒や保護者に十分説明し，共通理解が図られるようお願いします。

　ここに示されている内容によって，この時代以降の学校教育における学力観として「生きる力」が明確に定位された。さらに，評価についても，観点別学習状況の評価を基本とした評価を行う方向性も示された。ここからは，集団として学力を育成することと同時に，児童生

徒一人一人の**個の学力育成**を図ることが再度確認されたことが見て取れる。

　この初等中等教育局長通知において，観点別学習状況については，学習指導要領に示す各教科の目標に照らして，その**実現状況**を観点ごとに評価し，「十分満足できると判断されるもの」をA，「おおむね満足できると判断されるもの」をB，「努力を要すると判断されるもの」をCとすることとした。

　この「**目標に準拠した評価（いわゆる絶対評価）**」の具体については，各教科の評価規準の例が平成14年2月に国立教育政策研究所教育課程研究センターから，小学校と中学校それぞれの「評価規準の作成，評価方法の工夫改善のための参考資料──評価規準，評価方法等の研究開発（報告）──」として示された。さらに，平成16年3月に「評価規準の作成，評価方法の工夫改善のための参考資料（高等学校）──評価規準，評価方法等の研究開発（報告）──」も出されている。

　昭和23年から昭和55年に改訂されるまで用いられていた相対評価は，「**集団に準拠する評価**」であったのに対し，「目標に準拠した評価」は，「（いわゆる絶対評価）」とされる。

　それは，各観点ごとに目標を設定し，学習者がその目標に対してどれだけ実現できたかの状況を評価するものである。そして，小中学校においては，学年末に各学期で行われた評価を総括し，評定とともに指導要録に記録されることが義務付けられている。

　なお，ここで一つ明らかにしておきたい。

　「目標に準拠した評価」とは，学習指導要領に示されている目標を評価規準とする質的な評価であり，教育学におけるさまざまな外国から取り入れられている評価論とは，その出自を異にするものである。この「目標に準拠した評価」を**クライテリオン準拠評価**（criterion-referenced assessment）と同じように見る向きもあるが，これは日本での目標準拠評価とは，似て否なるものである。

　繰り返しになるが「目標に準拠した評価（いわゆる絶対評価）」は，それまでの観点別学習状況の評価として，昭和55年の指導要録，平成3年の指導要録の改訂によって示された内容の継続であり，各教科

の評価を,「B」を規準とする評価（質的な評価）を行う評価であることを確認しておきたい。

この評価観の特徴は，**評価規準**の「規準」という用語にも表れている。集団に準拠する評価としての相対評価では，評価の客観性を保障するために，数値による評価が行われる。数値を基準とすることから，**評価基準**という用語を用いる。しかし，目標に準拠した評価では，その評価対象が学習指導要領に示されている「内容」と，その「内容」を具体的に示している「指導事項」であり，それを実現したかということについて質的に評価を行う。そこで，評価を行うに当たっては，規準という用語を用いている。

さらに，この評価規準は，学習指導要領の内容を実現するために行うものであり，そこに到達するために行っているものではないので，到達，という用語も用いない。到達という用語を用いると，到達度評価との混用になり，目標に準拠した評価の意図する評価内容とは，異なる評価になってしまうからである。

(4) 指導と評価の一体化

観点別学習状況の評価を行うことによって学習指導要領に示されている学力を着実に育成していくために,「**指導と評価の一体化**」が求められている。

学力を広義に捉えるならば，児童生徒の自然獲得，もしくは，学校以外のところで獲得された学力も含まれる。しかしそれらは，学校における指導が機能しない学力である。学校では，学習指導要領に示されている学力を，学校における授業を通していかに育成していくかが求められている。

学校で育てるべき学力は，学校教育という教育機関の中で，そこにおける教育課程として，意図的・計画的に育成されるものであり，その実現状況を観点別評価規準に基づいて評価しながら着実な育成を図っていくべきものである。だからこそ指導と評価の一体化ということが言われたのである。

7
平成22年の指導要録
（目標に準拠した評価の充実）

(1) 観点別学習状況の評価の意味

　　中央教育審議会初等中等教育分科会教育課程部会「児童生徒の学習評価の在り方について（報告）」（平成22年3月24日）において，平成20年の学習指導要領の内容に合わせた評価の在り方が示された。そこでは，各学校において，学習指導要領を基準として，それぞれの学校で教育課程を編成するとともに，教育課程の中に，学習評価を位置付けることが求められている。このことについて，上記，中央教育審議会報告では，次のように示している。

>○学習評価は，学校における教育活動に関し，子どもたちの学習状況を評価するものである。現在，各教科については，学習状況を分析的にとらえる観点別学習状況の評価と総括的にとらえる評定とを，学習指導要領に定める目標に準拠した評価として実施することが明確にされている。学習評価には，このような目標に準拠した評価のほか，学級・学年など集団の中での相対的な位置付けに関する集団に準拠した評価や，観点別学習状況の評価や評定には示しきれない子どもたち一人一人のよい点や可能性，進歩の状況について評価する個人内評価がある。
>　学習評価を行うに当たっては，子どもたち一人一人に学習指導要領の内容が確実に定着するよう，学習指導の改善につなげていくことが重要である。
>○また，各学校は，学習指導要領等に従い，地域や学校の実態等を考慮して適切な教育課程を編成し，学習指導と学習評価を実施す

る役割を担っている。 (p.3)

　ここで注目されるのは、今回の目標に準拠した評価では、前回の平成12年に示された「目標に準拠した評価（いわゆる絶対評価）」から「目標に準拠した評価」になり、「（いわゆる絶対評価）」という言葉がなくなったことである。

　平成12年に示された目標に準拠した評価には、「（いわゆる絶対評価）」という言葉が入っていた。それは、これまでの集団に準拠した評価（相対評価）と明確に区別することを強調するためであったが、この「（いわゆる絶対評価）」という言葉から、教師による主観が入る評価であるとの誤解が生じていたからである。

　目標に準拠した評価は、学習指導要領の内容を学力とし、その実現を図ることができているかを目標とする評価であることは、既に述べた。今回の改訂によって、「（いわゆる絶対評価）」ということばが目標に準拠した評価から除かれることで、目標に準拠した評価の本来的な内容が、より明確にされたと言えよう。

　また、この目標に準拠した評価と合わせ、一人一人の子どもたちを評価するための個人内評価を「総合所見及び指導上参考となる諸事項」において記入することが、平成12年に示されている評価から、継続されている。

(2) 指導と評価の一体化の一層の充実

　中央教育審議会「児童生徒の学習評価の在り方について（報告）」（平成22年3月24日）によって示された観点別学習状況の評価の在り方は、以下のように示されている。

　この評価の在り方の前提として、次のような記述がある。

○観点別学習状況の評価は、指導要録に記録するためだけでなく、きめの細かい学習指導と児童生徒一人一人の学習内容の確実な定着を図るため、日常の授業においても適切に実施されるべきもの

| である。 (p.14)

　「指導と評価の一体化」ということは，前述したとおり，平成13年の指導要録の改訂から言われていることである。しかるに，学習指導上，例えば，学習指導案に評価項目や評価内容の記述はあるが，実際にその記述に沿った評価が行われていない場合が多くある。指導案に評価を記載しておけばよいのではなく，学習を通して学力を育成するために，その学習によって育成された学力をきちんと評価し，指導の改善に生かしていかなければならない。

　未だに，特に中学校や高等学校において，評価と評定との区別が行われないまま，単に成績付けのための評価・評定になっているという現実が一部に残っている。評価は，評価によって児童生徒の学力を，より伸ばすために行うものであり，単に，成績付けや児童生徒の学力を値踏みするためだけに行うものではない。だからこそ前述されているように，評価を「日常の授業においても適切に実施」されなくてはならない。

　この中央教育審議会報告では，評価に関する考え方が次のように整理されている。

| ○新しい学習指導要領においても「生きる力」の理念を引き継いでいること等をかんがみれば，現在の評価の観点を大きく見直す必要はない。一方で，基礎的・基本的な知識・技能の習得とこれらを活用する思考力・判断力・表現力等をいわば車の両輪として相互に関連させながら伸ばしていくとともに，学習意欲の向上を図るという改訂の趣旨を反映し，学習指導と学習評価の一体化を更に進めていくため，学力の3つの要素を踏まえて評価の観点に関する考え方を整理することとする。 (p.14)

　平成8年7月の中央教育審議会第一次答申に示された「生きる力」という学力観が，それ以降の日本の学校教育においても継続されていることを，再度，確認しておきたい。

(3) 基礎・基本をどう考えるか

　ところで，学校教育法30条2項で示された学力観については，習得と活用との関係を間違って捉えていた面もある。それは「基礎・基本の習得を行ってから後に，活用を行う」というように，まずは，習得を図らなくては，基礎・基本が身に付かない，という考え方である。

　このような考え方の背景には，基礎・基本を定義しないまま，単に計算力であるとか漢字の習得量を持って基礎・基本であるかのように考えていたことがある。このような基礎学力についての考え方は，日本の学校教育における学力論の中に，常に存在してきており，今もまだ残っている。つまり，そこで語られる基礎・基本がどのようなものであるのかの定義化が不明確なままに，各自が何となく捉えている基礎・基本をもとにして，基礎学力が語られているのである。

　こうした状況を改善すべく，「基礎・基本を確実に身に付けさせ」ということが言われた平成10年の学習指導要領の改訂において，学習指導要領に記述されている内容が，学校教育の基礎・基本であると定位された。そして，その学習指導要領の内容を育成することが，児童生徒の教育の機会均等を保障することであるとされた。学習指導要領によって，全国の学校教育で，ほぼ同じ内容を，各学年で育成することが保障されている。

　この学力保障のために目標に準拠した評価の導入をし，そこで各教科の観点別評価を行い，児童生徒一人一人の学力育成を図ろうとしているのである。

　したがって，習得と活用とは，「習得してから活用」というような順序や段階を踏むものではなく，それぞれの内容を，学習に合わせて行っていくことでもある。基礎ができてないからといって，基礎のみを学習することではないことが，このことによって明確になっている。

(4) 評価の観点について

　平成22年の指導要録の改訂では，平成3年，平成13年の指導要

録の改訂で示されていた4観点の内容「関心・意欲・態度」,「思考・判断」,「技能・表現」,「知識・理解」に変更があった。

　主たる改訂の内容は,「**思考・判断**」が「**思考・判断・表現**」になり,それに伴って「**技能・表現**」が「**技能**」になったことである。

　この4つの観点と,学校教育法30条2項で示されている学力との関係については,以下のように記述されている。

> ○現在の評価の4観点と学力の3つの要素との関係では,教科によって違いはあるものの,「知識・理解」及び「技能・表現」が基礎的・基本的な知識・技能を,「思考・判断」が知識・技能を活用して課題を解決するために必要な思考力・判断力・表現力等を,「関心・意欲・態度」が主体的に学習に取り組む態度を,それぞれ踏まえているものとしておおむね整理ができると考えられる。
>
> (p.14)

　さらに,この育成すべき学力を観点別学習状況の評価として整理したものが,次の記述である。

> ○以上を踏まえ,新しい学習指導要領の下における評価の観点について,基本的には,基礎的・基本的な知識・技能については「知識・理解」や後述する「技能」において,それらを活用して課題を解決するために必要な思考力・判断力・表現力等については「思考・判断・表現」において,主体的に学習に取り組む態度については「関心・意欲・態度」においてそれぞれ評価を行うこととして整理する。
>
> (p.14)

　ところで,学習指導案において,1単位時間の授業において,これら4つの観点をすべて評価するように記述されている例も多く認められる。しかし実際には,1時間で4つの観点に示されるすべての評価項目を,児童生徒に学力として育成することは,困難である。そこで,単元として,数時間をかけて,4つの観点として示している学力を育

成することが必要となる。

以下，観点別学習状況の評価の観点ごとの考え方を検討する。

●「関心・意欲・態度」の評価に関する考え方

「関心・意欲・態度」の項目を，どのように評価するのかというのは常に課題となっており，中には，授業中の挙手や発言の回数や，宿題やノートを提出しているか否か等，本来「関心・意欲・態度」として評価すべき内容ではないもので評価している例も見られた。このような「関心・意欲・態度」の評価の在り方への誤解は，平成13年の指導要録の改訂以降，現在に至るまで，未だに多く残っている現状がある。

このような現状を鑑み，今回の指導要録の改訂で，再再度，「関心・意欲・態度」について明らかにされた。先に示した中央教育審議会報告（平成22年3月24日）では，以下のように示している。

> ○改正教育基本法においては，学校教育において自ら進んで学習に取り組む意欲を高めることを重視することが示されるとともに，学校教育法及び学習指導要領の改正等により，主体的に学習に取り組む態度が学力の3つの要素の1つとして示されている。また，我が国の児童生徒の学習意欲について課題がある状況を踏まえると，学習評価において，児童生徒が意欲的に取り組めるような授業構成と継続的な授業改善を教師に促していくことの重要性は高い。さらに，主体的に学習に取り組む態度は，それをはぐくむことが基礎的・基本的な知識・技能の習得や思考力・判断力・表現力等の育成につながるとともに，基礎的・基本的な知識・技能の習得や思考力・判断力・表現力等の育成が当該教科の学習に対する積極的な態度につながっていくなど，他の観点に係る資質や能力の定着に密接に関係する重要な要素でもある。
>
> これらのことを踏まえれば，「関心・意欲・態度」について学習評価を行い，それをはぐくんでいくことは引き続き重要である。
> ○「関心・意欲・態度」は，各教科が対象としている学習内容に関

心をもち，自ら課題に取り組もうとする意欲や態度を児童生徒が身に付けているかどうかを評価するものである。
　評価に当たっては，各教科が対象としている学習内容に対する児童生徒の取組状況を通じて評価することを基本とし，他の観点と同様，目標に照らして「おおむね満足できる」状況にあるかどうかの評価を中心とすることが適当である。　　　　　　　(pp.16-17)

　ここで重要なのは，「他の観点に係る資質や能力の定着に密接に関係する重要な要素でもある。」という記述である。つまり，「関心・意欲・態度」については，学習内容にかかわるそれを，数時間にわたる単元での学習を行う中で評価するということである。したがって，例えば，第1時間めに「関心・意欲・態度」を評価することには，無理がある。診断的評価として，授業の第1時間めに「関心・意欲・態度」の評価を位置付けているような例も見られるが，これでは学習の成果を見ることにはならない。1時間めに既に評価することができるのなら，授業を通して育成すべき学力とは認めがたいし，初めから持っている学力を単に認めただけであるなら，指導を通して学力を育成した姿とは言えない。
　「関心・意欲・態度」の評価項目の内容は，その単元の他の3つの観点「思考・判断・表現」「技能」「知識・理解」の中の重点課題を，単元全体を通して育成していくことを見るものであることを確認しておきたい。
　このことについては，中央教育審議会答申（平成20年1月17日）に，

　「1単位時間の授業において評価の4観点（関心・意欲・態度，思考・判断，技能・表現，知識・理解）のすべてを評価しようとしたり，授業冒頭に『進んで取り組んでいるかどうか』をチェックし，チェック終了後授業に入ったりするなど評価のための評価となっている不適切な事例も見られる」　　　　　　　　　　　　　(p.143)

とある通りである。

中央教育審議会報告（平成22年3月24日）には，このことにかかわって次のような記述もある。

○ 具体的な評価方法としては，授業や面談における発言や行動等を観察するほか，ワークシートやレポートの作成，発表といった学習活動を通して評価することが考えられる。その際，授業中の挙手や発言の回数といった表面的な状況のみに着目することにならないよう留意する必要がある。
○ 各教科が対象としている学習内容に関心をもち，自ら課題に取り組もうとする意欲や態度をはぐくむことは，他の観点に係る資質や能力の定着に密接に関係するものである。教師の指導により，学習意欲の向上はみられたものの，その他の観点について目標の実現に至っていない場合は，学習指導の一層の充実を図ることが重要である。その際，個人内評価を積極的に活用し児童生徒の学習を励ますことも有効である。

今回の指導要録の改訂においては，この「関心・意欲・態度」の評価の在り方と，次に示す「思考・判断・表現」の評価の在り方が，最重要課題である。

● 「思考・判断・表現」の評価に関する考え方

中教審答申では，「思考・判断・表現」について，以下のように示している。

○ 「思考・判断・表現」は，それぞれの教科の知識・技能を活用して課題を解決すること等のために必要な思考力・判断力・表現力等を児童生徒が身に付けているかどうかを評価するものである。学習指導要領等に示された思考力・判断力・表現力等は，学校教育においてはぐくむ能力を一般的に示したものであり，そのような能力を育成するという目標の下，各教科の内容等に基づき，具体的な学習評価を行うための評価の観点が「思考・判断・表現」

| である。 (pp.15)

　学力の重要な3つの要素の一つである,「思考力・判断力・表現力等」を評価するに当たっては,評価観の転換を図ることが求められる。
　評価ということばは,日本語においては,評価,という一語しかない。しかし,英語においては,**Evaluation** と **Assessment** の2語がある。同じ日本語にすると評価という一つのことばになってしまうが,訳すと Evaluation は「**値踏み**」という意味であり,Assessment は,「**支援する・支える**」という意味がある。
　これまでの日本の学校教育における評価は,どちらかというとEvaluation の意味であり,それは,相対評価が担ってきた評価の意味を内包するものである。しかし,今日求められている評価は,Assessment の意味の評価であり,学習を通して一人一人の児童生徒がよりよく成長することを支援し・支えることを,その理念としている。
　平成13年の指導要録における目標に準拠した評価の導入は,学力に対する基本的な考え方の転換を図るものであった。それまでの学力は,知識の習得量とその再生が,学校教育においては,大きな位置を占めていた。しかし,評価に関する考え方を転換する中で,それまでの Evaluation の意味の評価から Assessment の意味での評価への転換を,平成13年度の指導要録によって,図ったのである。
　それまでの日本の教育では,他者との相対関係における点数化を図ることや競争を行うことで,学力の伸長を測る面もあった。しかし,グローバル化した現代社会においての学力は,これまでの学力観とは大きく異なるものが,学力とされるようになった。
　コンピュータやスマートフォン等の ICT 機器の進歩は,これまでの活字文化の中にある学力とは,異なる学力観を求めている。これまで行われてきた知識の習得は,これら ICT 機器によって検索や収集,保存ができる時代となっている。これからの時代が求めている学力は,「思考力・判断力・表現力」といって過言ではない。
　だからこそ,学校教育で育成する学力が,今,変わろうとしていることに気付きたい。そして,その学力を育成し,その学力を評価する

のが,「この目標に準拠した評価」における観点別学習状況の評価の「思考・判断・表現」の評価項目なのである。

この「思考・判断・表現」の評価項目は,その評価をするに当たって,外言化された言語等によって,その評価を行うことが,以下に示されている。

> ○「思考・判断・表現」として,従来の「思考・判断」に「表現」を加えて示した趣旨は,この観点に係る学習評価を言語活動を中心とした表現に係る活動や児童生徒の作品等と一体的に行うことを明確にするものである。このため,この観点を評価するに当たっては,単に文章,表や図に整理して記録するという表面的な現象を評価するものではなく,例えば,自ら取り組む課題を多面的に考察しているか,観察・実験の分析や解釈を通じ規則性を見いだしているかなど,基礎的・基本的な知識・技能を活用しつつ,各教科の内容等に即して思考・判断したことを,記録,要約,説明,論述,討論といった言語活動等を通じて評価するものであることに留意する必要がある。

「各教科等における言語活動」は,この「思考・判断・表現」に機能する学習活動であることを,ここで押さえておく。

後述するが,言語活動は,あくまで,数式や表や図を含む外言化されている言語を用いての学習活動であり,言語活動自体が目的ではないことを確認しておきたい。つまり,「言語活動の充実」を通して「思考力・判断力・表現力」を育てることが目的であり,また,「思考力・判断力・表現力」が育っているかどうかは,言語活動等によって表出された言語によって評価していくのである。

> ○このように,「思考・判断・表現」の評価に当たっては,それぞれの教科の知識・技能を活用する,論述,発表や討論,観察・実験とレポートの作成といった新しい学習指導要領において充実が求められている学習活動を積極的に取り入れ,学習指導の目標に

照らして実現状況を評価する必要がある。
　「思考・判断・表現」の評価については，全国学力・学習状況調査の「主として『活用』に関する問題」を参考にして作成した適切な問題を用いて評価を行うことも有益である。ただし，「思考・判断・表現」の評価は，そのような問題を一定の制限時間内に解決し，記述できるかどうかのみを評価するものではないことに留意し，様々な評価方法を採り入れることが重要である。

○また，この観点については，指導後の児童生徒の状況を記録するための評価を行うに当たっては，思考・判断の結果だけではなく，その過程を含め評価することが特に重要であることに留意する必要がある。

○なお，評価の観点である「思考・判断・表現」の「表現」は，基礎的・基本的な知識・技能を活用する学習活動等において思考・判断したことと，その内容を表現する活動とを一体的に評価することを示すものである。これは，例えば，学習指導要領の音楽，図画工作，美術の各教科において示す領域の一つであり，歌唱，器楽，絵，デザイン等の指導の内容を示す「表現」とは異なるものである。

　特に，上記の3つめの「表現」についての記載に留意する必要がある。これは，「思考・判断・表現」の評価を行うに際しては，言語活動等を通して，それと一体化された評価を行うことが，求められていることを示している。

　上記のことについては，国立教育政策研究所教育課程研究センター『評価規準の作成，評価方法等の工夫改善のための参考資料』（平成23年），「第1編　総説　第1章　学習評価の在り方について　2（2）学習評価における観点について」においても，次のように示されている。

②「思考・判断・表現」
　「思考・判断・表現」の観点のうち「表現」については，基礎的・基本的な知識・技能を活用しつつ，各教科の内容に即して考えたり，

判断したりしたことを，児童生徒の説明・論述・討論などの言語活動等を通じて評価することを意味している。

つまり「表現」とは，これまでの「技能・表現」で評価されていた「表現」ではなく，思考・判断した過程や結果を言語活動等を通じて児童生徒がどのように表出しているかを内容としている。

したがって，それぞれの単元（教材）の授業を構想し実施する際には，必ず学習活動として「言語活動（記録・要約・説明・論述・討論）」等を行い，その中でどのような思考・判断がされているかを，具体的に表出させた表現を通して，評価することが求められる。

● 「技能」の評価に関する考え方

中央教育審議会報告（平成22年3月24日）では，観点別学習状況の評価の「技能」について，以下のように示している。

> ○ 今回，「技能・表現」に替えて示す「技能」は，各教科において習得すべき技能を児童生徒が身に付けているかどうかを評価するものである。教科によって違いはあるものの，基本的には，現在の「技能・表現」で評価している内容は引き続き「技能」で評価することが適当である。すなわち，算数・数学において式やグラフに表すことや理科において観察・実験の過程や結果を的確に記録し整理すること等については，現在「技能・表現」において評価を行っているが，同様の評価は今後「技能」において行っていくこととなる。
>
> なお，今回，各教科の内容等に即して思考・判断したことを，その内容を表現する活動と一体的に評価する観点として「思考・判断・表現」を設定することから，当該観点における「表現」との混同を避けるため，評価の観点の名称を「技能・表現」から「技能」に改めることとしている。　　　　　　　　　　(p.15)

「技能」の観点の内容は，これまで行われてきている観点別学習状

況の評価の観点の「技能・表現」とほぼ同じ内容である。ただ，「思考・判断・表現」という観点が新たに創られたために，その中の「表現」との混同を避けるため，「技能」という観点になったのである。

また，国立教育政策研究所教育課程研究センター『評価規準の作成，評価方法等の工夫改善のための参考資料』「技能」の評価についてでは，次のように示されている。

> 「技能」の観点では，従前の「技能・表現」が対象としていた内容を引き継ぐことになる。これまで「技能・表現」については，例えば社会科では資料から情報を収集・選択して，読み取ったりする「技能」と，それらを用いて図表や作品などにまとめたりする際の「表現」とをまとめて「技能・表現」として評価してきた。
> 今回の改訂で設定された「技能」については，これまで「技能・表現」として評価されていた「表現」をも含む観点として設定されることとなった。

ここから，観点別学習状況の評価における「技能」の評価は，これまでの「技能・表現」で評価されていた内容を引き継ぐものとなっていることが分かる。

●「知識・理解」の評価に関する考え方

中央教育審議会報告（平成22年3月24日）では，観点別学習状況の評価の「知識・理解」について，以下のように示している。

> ○「知識・理解」は，各教科において習得すべき知識や重要な概念等を児童生徒が理解しているかどうかを評価するものである。
>
> (p.15)

平成19年6月に改訂された学校教育法の第30条の2項に記述されている3つの学力の重要な要素の初めに「生涯にわたり学習する基盤が培われるよう，基礎的な知識及び技能を習得させる」ことが示さ

れている。

　今回の指導要録の改訂においても，基礎的な知識及び技能の習得は，学力の重要な要素であり，それは否定されていない。しかし，これまでの日本の学校教育における学力は，この基礎的な知識及び技能の習得のみに焦点が当たり，他の2つの学力の重要な要素「思考力・判断力・表現力等」と「主体的に学習に取り組む態度（学習意欲）」には焦点が当たらない傾向にあった。だからこそ，今回の指導要録の改訂で，そこが強調されたのである。

　しかし，その強調点のみに目を奪われるのではなく，観点別学習状況の評価の4つの観点が求める学力を，バランスよく育成することこそ，学校教育で行われなければならない。

(5) 評価の時期について

　先の中央教育審議会報告（平成22年3月24日）には，「(6) 観点別学習状況の評価を円滑に実施するに当たっての留意事項」で，次のように示している。

> ○観点別学習状況の評価を円滑に実施するに当たっては，適切な評価時期を設定することや学習指導の目標に沿った学習評価を行うこと等が重要である。
> ○授業改善のための評価は日常的に行われることが重要である。一方で，指導後の児童生徒の状況を記録するための評価を行う際には，単元等ある程度長い区切りの中で適切に設定した時期において「おおむね満足できる」状況等にあるかどうかを評価することが求められる。
> 　「関心・意欲・態度」については，表面的な状況のみに着目することにならないよう留意するとともに，教科の特性や学習指導の内容等も踏まえつつ，ある程度長い区切りの中で適切な頻度で「おおむね満足できる」状況等にあるかどうかを評価するなどの工夫を行うことも重要である。　　　　　　　　　　　(p.19)

評価は，学習した結果としてのもののみでなく，授業の過程（プロセス）の中で「日常的に行われることが重要である」ことを確認している。それは，評価を活用することによって，日常の授業の中で学力を育成することを行おうとしているからである。授業を行い，その結果としての知識の習得と再生とを学力としていたことからの転換を，ここにも見ることができる。

　これまでの評価は，授業を行った後，ある一定の期間をおいてから試験を行うことが多くあった。それは，知識の忘却や剥落を，テストという評価によって，再度習得し直すことを目的としていたとも言えよう。しかし，知識の習得と再生とが学力の重要な要素の一部でしかなくなった今日，知識の習得と再生とのみを評価することからの転換が求められている。

　さらに，1時間1時間の授業は大切で，それを重視することは言うまでもないが，その1時間1時間の授業の積み重ねとして単元全体を通して，学力の育成を図ることも，今日求められている。それは，観点別学習状況の評価では，1時間の中で，4つの観点すべてにわたって学力を評価することが，労力という面からも，また焦点化を図るという面からも難しいことにもよる。単元全体の中で，どの時間に，どの観点の学力を育成し，それをどのように評価するのか，という評価計画が，そこに必要になってくる。

　これまでの授業研究では，その単元の中の1時間に焦点を当て，その時間を対象に授業をしてきたが，この観点別学習状況の評価を踏まえた授業においては，単元というスパンの中で，単元を通して学力の育成を図るという授業観への転換が求められている。

　したがって，これまでの教育課程の編成や授業研究，さらに評価を含めての意識改革が，今日求められていることにもなる。これらのことについては，後述する。

　さらに「効果的・効率的な評価」について，国立教育政策研究所教育課程研究センター『評価規準の作成，評価方法等の工夫改善のための参考資料』（平成23年）は，次のように示している。

ある単元（題材）において，あまりにも多くの評価規準を設定したり，多くの評価方法を組み合わせたりすることは，評価を行うこと自体が大きな負担となり，その結果を後の学習指導の改善に生かすことも十分できなくなるおそれがある。例えば，1単位時間の中で4つの観点全てについて評価規準を設定し，その全てを評価し学習指導の改善に生かしていくことは現実的には困難であると考えられる。教師が無理なく児童（生徒）の学習状況を的確に評価できるように評価規準を設定し，評価方法を選択することが必要である。

(6) 自己評価，相互評価について

　子どもたち一人一人が成長していくためには，個として学ぶだけでなく，他者とのコミュニケーションを通して，他者と関わりながら学ぶことが大切である。そこに，**学び合う場**としての学校の機能が発揮される。

　子どもたちは，自分自身の学習について振り返ったり，友だちからのメッセージを受け取ったりする中で，自分を成長させるためのヒントを得たり，学習の方向を見出したりしていく。それが，**自己評価活動**や**相互評価活動**である。

　なお，ここで「活動」としたのは，中央教育審議会報告（平成22年3月24日）の以下のような根拠によるものである。

> 　なお，児童生徒が行う自己評価や相互評価は，児童生徒の学習活動であり，教師が行う評価活動ではないが，児童生徒が自身のよい点や可能性について気付くことを通じ，主体的に学ぶ意欲を高めること等学習の在り方を改善していくことに役立つことから，積極的に取り組んでいくことも重要である。　　　　　　　　　　　(p.12)

　よくあることだが，授業中に子どもたちに行わせる自己評価や相互評価を，教師が行う学習評価の中に取り入れる場合がある。しかし，それは適切ではない。自己評価や相互評価はあくまで児童生徒の「学

習活動」であり，教師が行う評価の材料とはなるが，指導の中で育成すべき学力を評価する「教師評価」とは区別して認識しておく必要がある。

(7) 評価の妥当性，信頼性について

中央教育審議会報告（平成22年3月24日）で，「**妥当性，信頼性**」については，次のような記述がある。

> 各学校においては，組織的・計画的な取組を推進し，学習評価の妥当性，信頼性等を高めるよう努めることが重要である。　(p.13)

この「妥当性」については，上記の脚注に，次のような記述がある。

> 本報告においては，学習評価の「妥当性」は，評価結果が評価の対象である資質や能力を適切に反映しているものであることを示す概念として用いている。この「妥当性」を確保していくためには，評価結果と評価しようとした目標の間に関連性があること（学習評価が学習指導の目標（学習指導要領等）に対応するものとして行われていること），評価方法が評価の対象である資質や能力を適切に把握するものとしてふさわしいものであること等が求められる。

これまで評価というと客観性を求めることも多くあった。しかし，今回の学習指導要領改訂に伴う評価について示された中央教育審議会報告（平成22年3月24日）では，「客観性」という用語の使用はない[1]。
かつては，評価における客観性が重視された時代もあった。そこでは多くの場合，評価の客観性は，数値化によって担保されていた。し

---

[1] 「妥当性」「信頼性」に関して，田中耕治は「『妥当性』と『信頼性』は相対立する概念としてではなく，評価の客観性を担保する2つの契機として把握されるようになっている。」と述べている。【出典】田中耕治『新しい学力テストを読み解く』（日本標準，2008年6月15日，p.23）

かしながら，数値にすること自体が客観性を保証することにはならない。例えば，漢字の書き取りの配点を一題5点にするか10点にするかで，数値の変動が起こってしまう。各問に対して，それぞれの問に配当する点数に，客観的な根拠はない。点数化することにより，数値が客観的に保証してくれるかのような錯覚をしているに過ぎないのである。数値においても，そこに求められるのは客観性ではなく，妥当性である。

そして，何より重要なのが，信頼性である。評価における信頼性は，評価を行うこと，それ自体に対しての意味を形成する。評価に対して信頼がなければ，その評価を行うことの意味はない。信頼性があればこそ，児童生徒や保護者は評価結果を受け入れ，それを手がかりにして，さらなる向上につなげていくことができるのである。

(8) 次期学習指導要領（平成32年全面実施）の方向

平成26年11月20日に，文部科学大臣より「初等中等教育における教育課程の基準等の在り方について」（諮問）が出され，以下のような審議の観点が提示されている。

> ◆第一に，教育目標・内容と学習・指導方法，学習評価の在り方を一体として捉えた，新しい時代にふさわしい学習指導要領等の基本的な考え方について
> ◆第二に，育成すべき資質・能力を踏まえた，新たな教科・科目等の在り方や，既存の教科・科目等の目標・内容の見直しについて
> ◆第三に，学習指導要領等の理念を実現するための，各学校におけるカリキュラム・マネジメントや，学習・指導方法及び評価方法の改善を支援する方策について　　　（当該資料より抜粋）

ここには，教育目標・内容と学習・指導方法，学習評価の在り方を一体として捉える，次期学習指導要領の改訂の方向が認められる。

III

アクティブ・ラーニング(能動的な学び)への視角
——授業改革の視点——

講義形式授業からの脱却と基礎・基本の捉え直し

(1) 授業観・学習方法の転換

　日本の教師は，諸外国に比較して，一つの教室で多くの児童生徒を対象として指導に当たっている。そこには，日本の教師の優れた資質と能力，指導力とが認められる。

　国際的な学力調査の OECD の **PISA 調査**（生徒の学習到達度調査）や **TIMSS 調査**（国際数学・理科教育動向調査）でも成績は上位であり，児童生徒の学力の育成には優れていることが分かる。

　一方，このような国際学力調査から見えてきたことは，日本の子どもたちは，知識などを受動的に獲得することは得意であるが，自ら考えたり，考えたことを表現したりする力に課題があるということである。ここまでにも述べてきたように，これからの教育においては，これまでの知識の習得と再生のみではなく，「思考力・判断力・表現力等」の育成が求められている。

　このことを学習者の立場から言い換えると，「覚える」学力だけではなく，**「考える」学力**も求められていることになる。

　これからの時代に求められている学力の中心が，「思考力・判断力・表現力等」とすると，それをどのように育成するかが問われる。これまでのような講義形式の授業では，とうていこのような学力の育成は，不可能である。そこで，授業改善が求められている。

　しかし，これまでの授業がだめであったかというとそうではない。教師主導の一斉学習や講義形式の授業と，その結果得られた知識の習得と再生とを測定するペーパーテストは，知識量を重視した学力の育成には効果的であった。そこでは，時代が求める学力に適した授業方

法が行われていたことになる。

　時代の変化に応じて、授業のあり方も変えていかねばならないということである。ここにアクティブ・ラーニング（能動的な学び）への視角がある。

　このことは、**基礎・基本**の捉え方についても言えよう。

　一般社会において「基礎・基本」の育成が重要である、と言われることがある。では、そこで言う「基礎・基本」とは何を指しているのか。

　かつては、「基礎・基本」とは「**読・書・算**」であるという考え方が根強かった。知識と技能を獲得するための根幹をなすものだからであろう。しかし、「読・書・算」が基礎・基本で、それをまず育成するというのであれば、学校教育で基礎・基本の定着を図るには、国語科と算数・数学科のみを行えばよく、他の教科科目の学習を行う必要はなくなってしまうことになる。

　学校教育における学力の育成は、「読・書・算」のみではないことは言うまでもない。また、知識・技能を習得させればよいというものでもない。学校教育の中で行われる各教科等すべてにおいて、「基礎・基本」は、存在する。その「基礎・基本」とする学習内容が示されているのが、学習指導要領であることを、確認しておきたい。

　先にも述べたが、学習指導要領は、日本全国の学校教育の機会均等を保障しているものである。そこには、地域や学校が変わっても、ほぼ同じ内容を各学年で育成できるよう、各教科で学習する規準としての基礎的基本的な内容が示されている。

(2) アクティブ・ラーニング

　これからの学校教育で求められる学力は、学校教育法 30 条 2 項で示されている学力であることは、既に述べた。その学力を育成するには、これまでのような教師主導の講義形式の受動的な授業で実現することはできない。そこには、これまでの学習方法からの転換が必要となる。その有効な方法として「**アクティブ・ラーニング**」が注目されている。

III　アクティブ・ラーニング（能動的な学び）への視角──授業改革の視点──

　アクティブ・ラーニングは，主体的・能動的（Active）で双方向性（Interactivity）のある，自律的かつ協働的な学びである。
　アクティブ・ラーニングについての定義を，中央教育審議会は，『新たな未来を築くための大学教育の質的転換に向けて〜生涯学び続け，主体的に考える力を育成する大学へ〜（答申）』（平成24年8月28日）にて以下のように示している。

> 　教員による一方向的な講義形式の教育とは異なり，学修者の**能動的**な学修への参加を取り入れた教授・学習法の総称。学修者が**能動的**に学修することによって，認知的，倫理的，社会的能力，教養，知識，経験を含めた**汎用的能力**の育成を図る。発見学習，問題解決学習，体験学習，調査学習等が含まれるが，教室内でのグループ・ディスカッション，ディベート，グループ・ワーク等も有効なアクティブ・ラーニングの方法である。　　　　　　　　　　(p.37)

　上記に示されている授業は，アクティブということばが示すように，学習者が能動的に行う授業を示しており，特定の授業方法や授業形態を対象としているのではないことが分かる。ただし，ここでは大学教育を対象としているが，小学校や中学校，高等学校の授業においても，今後このアクティブ・ラーニングを，一方的な講義形式の授業から変わって，行われることが求められている。
　ここで，気を付けなくてはならないのは，これまでの一方的な講義形式が悪い学習方法ではないことも，確認しておきたい。講義形式の授業は，知識の伝達や注入に関しては，効率的な学習方法であり，そのすべてを否定すべきではない。このことは逆に，すべての授業がアクティブ・ラーニングになってしまっては，基礎的・基本的な知識・技能の習得の効率的な授業ができなくなる，と言うこともあり得る。
　要は，学習内容と学習方法との適切な適応を図る，ということにつきる。

2 学習活動としてのコミュニケーション

(1) コミュニケーションをどのように捉えるか

　これからの時代が求める学力として「**考える**」ことが重要である。しかし，単に「考える」ことが重要といっても，それをどのように育成するかが問われる。

　学力を育成するには，その育成のための学習活動が必ず必要となる。そもそも，学力の育成においては，先天的に持っている能力のみではなく，学校の教育活動によって備わる学力が多くある。学校教育によって学力を育成することの必要性と意味が，そこにある。

　そこで，学校教育でどのような学習活動を行ったら，「考える」という学力の育成が可能となるのかについて，以下，考えてみたい。

　学校教育における学習活動の意味は，他者の存在である。簡単に言ってしまえば，学校には，友だちがいるから，その友だちと共に，一緒に何かを考えることができる。そのことが，特に思考力や表現力の育成にとって重要となる。

　そもそも，学力の育成は個に回帰するものであり，最終的には，個人の学力が育成されているかが問われている。しかし，その個の学力育成は，学校教育においては，他者と関わることの中から生じるものとなっている。ここに，コミュニケーションという活動が機能する。

　一人で学ぶということも，実は，書物からのメッセージを受け取っているという行為において，書物という他者とのコミュニケーションであるとも言えよう。言語は，コミュニケーションを行うためのツールであり，そのツールを用いて，さまざまなメディアがメッセージを送っている。しかし，メディアから送られてくるメッセージを一方的

に受け取るだけでは，真の意味でのコミュニケーションにはならない。メッセージを送る側と受け取る側とのメッセージの双方向性が機能しない限り，それは単なる伝達という閉ざされたものでしかない。

コミュニケーションが成立するのは，メッセージを送る側と受け取る側とが，その立場を入れ替わりながら，双方向性を持つことで機能する。

教室で児童生徒が学ぶということは，このようなコミュニケーションとしての活動が成立していることが，保障されなくてはならない。これまでのような講義形式の授業における知識の伝達では，このコミュニケーションは，学習活動として行われない状況にあると言えよう。

コミュニケーションは，さまざまな学力の要素を用いて他者と関わることで機能する。だからこそ，今日一般社会において，コミュニケーションが重要視されている。しかし，そこでは，活動としてのコミュニケーションと，能力としてのコミュニケーションとが混在しており，その整理と定義化は未分化な状況でもある。

筆者は，コミュニケーションは，あくまで活動であり，コミュニケーション力というように「力」を付けて，学力や能力としてのコミュニケーションを定義しない立場である。このコミュニケーションという用語は，日常的によく使用する用語であるが，その内容については，言語学，社会学，文化人類学，教育学等，それぞれの研究分野によって，その定義が異なるので，その用い方については慎重でありたい。

経団連（日本経済団体連合会）は1997年（平成9年）から経年的に新規採用に関するアンケート調査を行っており，企業が選考時に重視する要素を調べている。そこでのコミュニケーション能力は，2004年以来ずっと第一位であることから，約10年以上にわたって，企業が最も重視している能力が，コミュニケーション能力であることが分かる。しかし，そこで求めるコミュニケーション能力がどのような能力であるかは定かではない。

そこで，コミュニケーション能力についてもう少し考えていくために，NHK放送研修センター日本語センターが行った「ビジネス・コミュニケーション調査」（平成24年6月〜7月調査）を見てみよう(**表1**)。

2　学習活動としてのコミュニケーション

表1 | 「ビジネス・コミュニケーション調査」結果（平成24年6月～7月調査）

社員には，どのようなコミュニケーション能力の向上を求めていますか。（3つ以内）

【新入社員】	回答数	%
①的確に説明・報告する能力	109	90%
②人の話をしっかり聞き取る能力	100	83%
③適切な敬語を使う能力	38	31%
④問題解決能力	31	26%
⑤顧客のニーズを聞き取る能力	30	25%
⑥プレゼンテーション能力	17	14%
⑦企画力・発想力	9	7%
⑧折衝や交渉する能力	7	6%
⑨クレーム対応する能力	1	1%
⑩会議を進める能力	1	1%

（財）NHK放送研修センター日本語センターWebサイト掲載の調査結果より転載。
(http://www.nhk-cti.jp/service/jschool_business.html)

　この調査においては，コミュニケーション能力というものを非常に広範に捉えていることが分かる。この捉え方をそのまま学校教育の中に導入するならば，「コミュニケーション能力の育成を図る」ということのイメージがつかめないであろう。
　また，「的確に説明・報告する能力」と「人の話をしっかり聞き取る能力」の2つのみが数値が高く，それ以外の能力の数値が極端に低くなることも注目に値する。このように，企業が求めるコミュニケーション能力は，「的確に話す」「しっかり聞く」という，他者との関わりの中で用いるべきスキル的な能力を重視していることが分かる。
　しかし，学校教育においては，「思考力・判断力・表現力」という「考える」ことのできる学力育成が，今日的な育成課題である。したがって，コミュニケーション力というように「力」を付けた学力としてのコミュニケーションではなく，教室の中で他者との関わる学習活動としてのコミュニケーションを通して，「考える」学力の育成を図ることが重要となる。

このようなコミュニケーションとしての活動を学校教育の授業の中で行うことにより，知識基盤社会という実社会・実生活の中で機能することのできるコミュニケーションとしての活動が行えるようになる。その活動が行えるようになることは，生涯にわたって，常にそれぞれの状況下において「考える」という学力が，発揮できるようになることでもある。

だからこそ，さまざまな失敗や間違えをしても許される学校の中での学習場面で，コミュニケーションとしての活動を多く行い，その活動の仕方を体験したり，経験したりすることが重要となる。

そのためには，学校における学習活動を多様化し，児童生徒がさまざまな活動ができる学習環境を作ることが重要となる。それは，まさに，授業づくりでもある。

しかし，現状は未だ，そのような「考える」学力の育成する授業づくりが十分には行われていないようである。

(2) 授業の現実態と学力の育成

以下に示すのは，平成26年（2014年）8月に発表された，全国学力学習状況調査の結果をもとに，平均点の経年変化を整理した表である（**表2**）。

この表から分かるのは，得点の差こそあるものの，すべての年度にわたってB問題の平均点が低い，ということである。

A問題は，いわゆる**知識の習得**を見る問題，B問題は，**知識の活用**を見る問題とされている。ここで明確なのは，知識を活用することに対しての学力が育成されていないことである。2007年から8年を経ても，B問題が問うている学力が児童生徒に育成されていないことに，問題があることが分かる。

先ほど述べたが，学力としての「基礎・基本」を意識するがあまり，知識の習得の学力の育成の指導が主となり，知識・技能の活用を図る学力の育成に教師の意識が向いていない傾向があると考えられる。

繰り返しになるが，これまでの日本の学校教育における学力の育成

表2｜全国学力学習状況調査の結果

【小学校】

科目 年度	国語A	国語B	算数A	算数B
2007	81.7	63.0	82.1	63.6
2008	65.6	50.7	72.3	51.8
2009	70.1	50.7	78.8	55.0
2010	83.5	78.0	74.4	49.6
2011				
2012	81.7	55.8	73.5	59.2
2013	62.9	49.6	77.3	58.6
2014	72.9	55.5	78.1	58.2

【中学校】

科目 年度	国語A	国語B	数学A	数学B
2007	82.2	72.0	72.8	61.2
2008	74.1	61.6	63.9	50.0
2009	77.4	75.0	63.4	57.6
2010	76.1	66.5	66.1	45.2
2011				
2012	76.1	64.2	63.6	51.1
2013	76.8	68.0	64.3	42.4
2014	79.4	51.0	67.4	59.8

（2011年度は東日本大震災のため中止）

の方向性はよかったと判断できる。国の発展を支える学力として，知識や技能を効率的に学ぶことを重視してきた。しかし，これからの時代，このような学力のみでは通用しないことは，各種の国際的な学力調査からも明白である。だからこそ，全国学力学習状況調査を行うようになったのである。

　ところで，この全国学力学習状況調査は，新聞等のメディア報道では，よく「学力テスト」という表現が使われ，都道府県ごとの序列などが取り上げられることが多いが，単に数字による序列をつけるために行うテストではないことを確認しておきたい。

　全国学力学習状況調査は，学習状況に関する調査であり，その内容は，教科に関する調査（国語，算数・数学，24年度調査では「理科」が追加された。）と生活習慣や学校環境に関する質問紙調査によって構成されている。そして，質問紙調査では，「1. 児童・生徒質問紙（小・中学校）：調査する学年の児童生徒を対象に，学習意欲，学習方法，学習環境，生活の諸側面等に関する調査」と「2. 学校質問紙（小・中学校）：学校における指導方法に関する取組や学校における人的・物的な教育条件の整備の状況等に関する調査」が行われている。生活習慣や学校環境に関する調査の内容を抜きに考察しては，学校教育の

実情を見ることはできない。

全国学力学習状況調査のB問題における内容は，PISA調査が示しているリテラシーという学力と方向性を同じくしている。このことは，知識基盤社会の日本においても，これからの時代が求める学力である。

しかるに，その学力が未だに向上していないという事実は，学校教育における授業が，その学力を育成する内容に転換しておらず，旧態依然とした授業を行っているということの証明でもある。

このB問題では，「知識・技能等を実生活の様々な場面に活用する力や，様々な課題解決のための構想を立て実践し評価・改善する力などにかかわる内容を中心とした出題」がされており，ここには，これまでの学校教育で育成してきた知識習得を中心とする学力とは異なる学力の内容を見ようとしたものとなっている。

(3) コミュニケーションを通した授業の意味

学校教育は，自分以外の他者の存在がある学習の場である。それは，単にクラスの友人という意味の他者のみではなく，他者としての教師であったり，他者としての教材でもある。

この他者との関わりを持つことが，学校教育におけるコミュニケーションである。コミュニケーションは，複雑な文脈の中に成立しており，それを整理したり分類することは難しい。しかし，コミュニケーションという活動がそこで行われていることは事実であり，それを重視しなくてはならない。知識基盤社会における実社会・実生活において，生涯にわたって機能する学力となるからである。

コミュニケーションを行うために必要な学力が，「思考力・判断力・表現力」であると言える。他者と関わるためには，自分で考えたり，判断したり，その考えや判断を他者に伝えるために表現したりすることが必要となる。そこでは，常に，ことばが機能している。このことばを用いたコミュニケーションを授業の中で行うことに，学校教育の意味がある。

(4) コミュニケーション（伝え合う）としての授業

　　これまでの授業では，知識の伝達と習得という教師と学習者との関係制の上に成り立ってきた。しかし，情報化の時代を迎え，知識は覚えていなくても調べたり活用したりすることができれば，それも学力となることが，位置付けられた。

　　今日求められる学力は，リテラシー（Literacy）としてのものであり，それは常に他から受信することによってインプット（Input）され，それを，取り入れて考え（Intake），さらに発信（Output）するという「受信→思考→発信」という一連のプロセスが重要となる。

　　このプロセスを個として行うことが，第Ⅳ部（p.133）にて提案する「聴いて　考えて　つなげる」ことになる。

　　授業においては，個における「聴いて　考えて　つなげる」ことが教室というコミュニティの中で展開されている。教室での授業という全体の場において，教室を構成する一人一人の個がそれぞれに「聴いて　考えて　つなげる」活動を行う中で，教室としてのコミュニケーション（伝え合い）が行われる。

　　このコミュニケーション（伝え合う）としての授業を行うことは，まさに，**アクティブ・ラーニング**の授業である。一人一人の学習者が，それぞれに「聴いて　考えて　つなげる」ことを意識して授業に臨むことが，教室というコミュニティを活性化し，アクティブ（能動的）な学習が成立する。

(5) コミュニケーション（伝え合う）を行うための「汎用性のある技能」

　　コミュニケーション（伝え合う）が授業として成立するためには，コミュニケーションを図るための技能が必要となる。例えば，「話を聴くときに人の方を向いて聴く」とか「話すときに，聴いてもらう人を向いて話をする」等は，学習者に教えることによってできるようになる技能（Skill）である。

今日，学力の重要な要素として「思考力・判断力・表現力」が求められているが，この学力の育成のためには，この学力を育成するための「汎用性のある技能」が必要となる。この「汎用性のある技能」は，生得的に持っているものではなく，教えることによって習得するものである。そこに，学校教育法30条2項で示している学力の重要な要素としての「基礎的な知識及び技能を習得」することがある。
　「汎用性のある技能」は，一つの教科・科目のみに有用なのではなく，学校教育の授業の中で学ぶ，ということに機能するものでなくてはならない。それでなくては，「汎用性」がある，ということにはならない。
　この「汎用性のある技能」に習熟することにより，授業における個としての「聴いて　考えて　つなげる」ことが学習活動をして行われることにより，教室というコミュニティの中での授業が，学習者と学習者とのコミュニケーション（伝え合う）のある授業として展開される。

(6) 言語を用いた学習活動の充実とのかかわり

　中央教育審議会答申の平成20年答申では，「各教科等における言語活動の充実」は，「今回の学習指導要領の改訂において各教科等を貫く重要な改善の視点である。」(p.53) としている。この「各教科等における言語活動の充実」の成立の経緯は既に述べたが，これをどのように学校教育における授業の中に定位していくのかが，今日的な課題となっている。
　平成20年改訂の学習指導要領が全面実施され，小学校，中学校，高等学校においては，この「各教科等における言語活動の充実」を，いかに授業に取り入れていくのかが，大きな課題となっている。
　「各教科等における言語活動」を実際の授業に取り入れている例を見ると，単に話し合いをすればよい，グループ活動を取り入れればよい等，そのねらいからはずれているものも多く認められる。
　「各教科等における言語活動の充実」は，各教科において，それぞれの授業におけるねらいや目標を実現するために行う活動であることを，再確認しておきたい。単に，言語活動を行うことが，目的ではな

い。さらに，この言語活動は，いつも，いつも行っているわけではなく，観点別学習状況の評価における「思考・判断・表現」の評価と関わって行われるべきものである。

田中孝一氏（本稿執筆時，文部科学省初等中等教育局主任視学官）は，言語活動の充実に関して，以下のように今日的な問題を整理している。

> 言語活動の本質は次のように整理できる。
> ①言語活動は各教科などの授業のねらい，目標などを実現するための手だてとして設定される。
> ②言語活動は児童生徒の学習活動として設定される。
> ③言語活動は指導者により意図的・計画的に設定される。
> ④言語活動は，今までにも，各教科などにおいて重要な学習活動として採り入れられてきた。
> 　これを踏まえると，言語活動はさらに次のように説明できる。
> ①授業において設定する言語活動は，その授業のねらいや目標を実現するための手だてとして最も効果的な言語活動であることが求められる。また，授業の学習評価は，ねらいや目標に準拠して行われるので，手だてとしての言語活動自体が学習評価の対象となることはない。
> ②児童生徒の学習活動には，例えば，理科における観察，実験なども含めて，さまざまなものがある。言語活動はその中の一つである。授業では，その教科などの特質に沿い，さまざまの学習活動が設定されるが，新教育課程では，言語活動を，各教科などを通じて重要な学習活動として位置付けている。
> ③授業は授業担当者である指導者の責任で計画，実施される。従って，言語活動も，その授業で展開されるさまざまな学習活動の一環として，ねらいや目標実現のため最もふさわしいものを，児童生徒の実態や年間指導計画などを踏まえつつ，指導者が意図的かつ計画的に設定する。
> ④言語活動は，新教育課程において初めて導入されたものではない。学習指導要領では，既に昭和33（1958）年版，43（68）

年版（小学校）において，「活動」「言語活動」の用語を用いて，新学習指導要領と同様の記述がある。また，当然のことながら，授業や学習は，どの教科などであれ，言語活動を伴わなければ成立しないし，実際に，言語活動を伴って行われてきている。新教育課程では，その言語活動を従前以上に意図的・計画的に採り入れて，自覚的に授業改善することを目指している。

（「言語活動の充実と教育改革」2013年1月29日，『内外教育』所収 pp.4-5）

　上記に，「各教科等における言語活動の充実」を学校教育における各教科において授業として行うことの方向性が示されている。
　この言語活動を通して，教室の中の他者と関わることが，コミュニケーションとなる。そこでの言語は，ツールとしての言語であり，そこには言語を発信するものの意味と内容，意図とが含まれている。それをメッセージという。このメーセージとしての言語を受け取る受信者は，受信者のコンテクストの中での意味を言語から再構成し，自己のコンテクストからの意味を付け加えて解釈する。そこに，発信と受信のサイクルが存在する。
　言語活動の充実ということは，このことをサイクルとして繰り返している中で，コミュニケーションとしての活動を行っているのである。
　ここに，PISA型「読解力」で求められている「受信→思考→発信」というプロセスが意味を持つ。

3 学校全体での学力育成の取り組み

(1) 改善の拠点

　これまでの学校での授業は，一人一人の教師が，それぞれの持つ授業について，責任を持って行ってきた。このことは，今日も変わりがない。しかし，時代は複雑化・多様化してきており，これまでの学校の在り方を見直さなければならない状況も，多く認められる。

　日本の学校における授業が，他の国の学校の授業と比較して，優れていることは言うまでもない。

　例えば，国公立学校での平均学級規模（2002年）は，初等教育28.7人，前期中等教育34.2人であり，一学級当たりの児童生徒数はOECD平均を上回っており，OECD加盟国中きわめて高い国の一つである。さらに，教員1人当たりの児童生徒数［国際比較］を見ると，国公私立学校での教員1人当たり児童生徒数（2002年）は，初等教育20.3人，前期中等教育16.2人であり，OECD平均を上回っている（いずれもOECD・OECD教育研究革新センター編著『図表でみる教育2004』明石書店，2014による）。このように，国際調査の結果を見ると，日本の一学級当たりの児童生徒数が多いことが分かる。

　このような状況の中でも，PISAやTIMSS等の国際学力調査において，上位に入っているのは，教師の指導力に依っていると言っても過言ではない。

　だが，このまま教師一人一人の指導力に頼ったままだと，知識基盤社会と言われている今日の社会状況の中で，これまでと同様な教育の質を保つことは難しくなる。だからこそ，これまでと同様の授業を行うことから，転換しなくてはならない。

(2) 改善の視点

　これまでは，一人一人の教師によって，授業が創られてきた。それは，一人一人の教師の責任と，自覚によって支えられていたとも言えよう。また，そのことを可能にした理由の一つとして，教科書の存在がある。日本の教科書は学習指導要領の内容をすべて網羅しており，教科書に沿って授業を進めれば，学習内容が漏れなく児童生徒に学習させられる，という構造になっている。

　そのため，小学校でいえば，いい意味での学級王国が成立していた。また，中学校や高等学校においては，それぞれの教科の専門性が，生かされてきた。このことにより，教師の自律が保障されているというよさもあったが，逆に，教師によって授業内容が大きく異なってしまうということもしばしば生じた。

　すべての授業が，全く同じように行われなければならない，ということを言うつもりはない。しかし，教師によって，授業内容が大きく変わることは，児童生徒に教育の機会均等を保障することにはならなくなる。

　では，日本全国が一律の内容で授業を行えばよいのかというと，そうではない。各学校によって，児童生徒の実態は異なるし，活用できる教育リソースも異なるからである。学習指導要領を教育課程の基準とし，さらに，各学校において各学校の児童生徒の実態に合わせて教育課程の編成が求められている根拠は，ここにある。

　これまでは，各学校が教育課程の編成を行うに当たり，教科書の内容に大きく傾斜していたことは否めない。しかし，児童生徒の立場に立って考えるなら，各学校が学習指導要領を基準としつつ，各学校の児童生徒の実態に合わせて教育課程の編成を行っていかなくてはならない。

　今日求められているのは，教育の機会均等を保障しつつ，各学校の児童生徒の実態に合わせた学力を育成していくことである。そのことを実現するためには，学校としての学力育成の方向性を，各学校それぞれがもたなくてはならない。

このことは，近年，各学校においてグランドデザインの作成とその公表が求められていることからも分かる。このグランドデザインは，それぞれの学校の学校目標を，その学校教育の内容によって実現する方向性を見せるものである。さらに，このグランドデザインによって，それぞれの学校での教育の実現状況が評価されることにもなる。

　学校評価は，学校としての教育内容を，学校全体の取り組みとして評価するものである。だからこそ，この学校評価を活用し，各学校ごとの教育内容の工夫・改善に生かしていくことが重要である。そして，このような教育内容の再構成は，一人一人の教師が，教育課程をそれぞれに行っていたのでは，実現することができない。

　これからの学校においては，学校全体での学力育成のための教育課程の編成と，それに伴う授業を行うことによって，児童生徒の学力の育成を図らなくてはならない。

(3) 学校全体での学習評価をもとにした授業づくり

　中央教育審議会「児童生徒の学習評価の在り方について（報告）」（平成22年3月24日）に，学習評価をもとにした考え方が，「3. 学習評価の今後の方向性について」で，以下のように示されている。

(1) 学習評価の意義と学習評価を踏まえた教育活動の改善の重要性
○学習評価は，児童生徒が学習指導要領の示す目標に照らしてその実現状況を見ることが求められるものである。学習指導要領は，各学校において編成される教育課程の基準として，すべての児童生徒に対して指導すべき内容を示したものであり，指導の面から全国的な教育水準の維持向上を保障するものであるのに対し，学習評価は，児童生徒の学習状況を検証し，結果の面から教育水準の維持向上を保障する機能を有するものと言える。
（学習評価を踏まえた教育活動の改善の重要性）
○また，従前指導と評価の一体化が推進されてきたところであり，今後とも，各学校における学習評価は，学習指導の改善や学校に

III　アクティブ・ラーニング（能動的な学び）への視角——授業改革の視点——

　　おける教育課程全体の改善に向けた取組と効果的に結び付け，学習指導に係るPDCAサイクルの中で適切に実施されることが重要である。
○すなわち，教師や学校にとっては，
　①学校における教育課程の編成や，それに基づいた各教科等の学習指導の目標や内容のほか，評価規準や評価方法等，評価の計画も含めた指導計画や指導案の組織的な作成
　②指導計画を踏まえた教育活動の実施
　③児童生徒の学習状況の評価，それを踏まえた授業や指導計画等の評価
　④評価を踏まえた授業改善や個に応じた指導の充実，指導計画等の改善
といった，Plan（①），Do（②），Check（③），Action（④）のPDCAサイクルを確立することが重要である。
　このようなPDCAサイクルは，日常の授業，単元等の指導，学校における教育活動全体等の様々な段階で繰り返されながら展開されるものである。学習評価を通じて，教師が授業の中で児童生徒の反応を見ながら学習指導の在り方を見直したり，一連の授業の中で個に応じた指導を図る時間を設けたりすることや，学校における教育活動を組織として改善したりしていくこと等が求められる。
　　　　　　　　　　　　　　　　　　　　　　　　　　　　　（p.11）

　上記の最後にある「学校における教育活動を組織として改善したりしていくこと等が求められる。」とは，これまでのように一人一人の教師が自分が受け持っているクラスや教科の教育課程の編成や学習指導，さらに評価についてまで考えるのではなく，学校全体での組織的な取り組みが重要であるということを示している。
　繰り返しになるが，これまでの日本の学校教育における授業は，優れていた。それは，一つの教室にいる多数の児童生徒を対象として教師が伝達する，という授業形態の中で，効率的に知識や技能の習得を行うことに関して機能してきたことによる。

しかし，時代が求める学力は，「知識・技能」のみでなく，「思考力・判断力・表現力」や，主体的に学習に取り組むという「学習意欲」までを学力とするようになった。このような状況の中で，これまでと同じ授業を行っていては，上記の学力の育成を行うことはできない。

だからこそ，一人で教育活動を行うのではなく，学校という**チーム**としての取り組みが，これからの時代の学校には重要となる。

このような学校全体がチームとなっての取り組みは，学校目標等の大きな流れの中では行われてきている。しかし，学校教育の中核となる授業や，それに対する学習評価については，個々の教師に委ねられてきた面も多い。そのことについて，先述した「児童生徒の学習評価の在り方について（報告）」に，以下の内容が示されている。

> ○各学校においては，各年度の学校全体の指導目標などを校長が中心となって作成するなど，学習指導における組織的な取組がなされている。学習評価についても同様に，例えば，小学校にあっては各学年において，中学校や高等学校にあっては各教科において，評価規準や評価方法等を明確にすること，評価結果について教師同士で検討すること，実践事例を着実に継承していくこと，授業研究等を通じ教師一人一人の力量の向上を図ること等に，校長のリーダーシップの下で，学校として組織的・計画的に取り組むことが必要である。このような組織的な取組が定着していくことにより，学習評価の妥当性，信頼性等の向上や，教師の負担感の軽減につながるものと考えられる。　　　　　　　　　　　　　　　（p.34）

この中で，特に重視したいのは，「校長のリーダーシップの下で，学校として組織的・計画的に取り組むことが必要である。このような組織的な取組が定着していくことにより，学習評価の妥当性，信頼性等の向上や，教師の負担感の軽減につながるものと考えられる。」ということである。

授業には，評価が必ず付いてくる。その評価を個々の教師に委ねるのではなく，評価を学校というチームとして行うことが重要となる。

なぜ，学校としての組織的な取り組みを評価でも行わなくてはならないのか，というと，児童生徒は，教師を選択することができないからでもある。

　例えば，公立の学校に入学したとする。義務教育においては，学校選択が可能な場合を除き，多くは，指定された地域の学校に行くことになる。さらに，クラス担任や教科担任を選択することもできない。とするならば，誰が授業に対して責任を負うのか，というと，学校ということになる。

　だからこそ，それぞれの学校において各学校の特徴にあった教育課程を編成し，その教育課程に合わせた授業を行い，その授業に対しての学習評価を行うことが求められる。

4 カリキュラム・マネジメントの考え方

(1) カリキュラムについて

カリキュラム（Curriculum）とは，ラテン語の「走る」（currere）を語源としていることは，周知のことである。「教育の目的」「教育内容の計画」「教育課程」などを，その対象としている。

これまでに，カリキュラムそのものを対象とした研究書は多く出ているので，ここでは，簡単に，カリキュラムの内容を整理しておくにとどめる。

カリキュラムとは，日本語に訳すと教育課程のことであり，日本においては学習指導要領に，**教育課程**としての学習内容の規準が示されている。

このカリキュラムを整理すると，次の内容を対象としている。

①年間計画・単元計画，評価計画＝顕在的カリキュラム
②授業内容・授業方法，評価内容
③隠れたカリキュラム
　（ヒドゥンカリキュラム　Hidden Curriculum）
　＝潜在的カリキュラム
　教育として意図していない教室という文化・文脈，教育環境，等

また，近年，中・高等学校において，「**シラバス**(syllabus)」という用語を用いることがあるが，学習指導要領を日本の基準の教育課程とすると，日本においては，それがカリキュラムであり，「シラバス」という用語は用いない方がよいと考える。そもそも「シラバス」という用語は，国としての基準となる教育課程が定められていない大学に

おいて，学習対象者に講義・授業の内容，学習計画を周知させる目的で作成するものである。

(2) カリキュラムの捉え方

　カリキュラムは，学力を育成するために意図的・計画的に行われる教育の内容を示している。ただし，構成主義的な学力観のように，初めから教育内容として教えるべき内容はなく，児童生徒の学習経験の総体をもってカリキュラムとする考え方もある。

　このように，カリキュラムは，教育内容を対象としているだけに，学力観の違いや立場によって，その定義する対象を異にする。

　ここでは，これまで一般的に捉えられてきたカリキュラムについて，類型として大きく整理しておくことにする。

◉**カリキュラムの類型**
　①教科中心カリキュラム
　　相関カリキュラム，合科カリキュラム，コアカリキュラム
　②経験中心カリキュラム
　　体験学習や問題解決学習，学習者中心の授業

◉**評価を含んだカリキュラムの類型（イリノイ大学アトキンの提唱）**
　①工学的接近 (technological approach)
　　【一般的目標→「行動的目標」→教材→教授・学習課程】
　　行動的目標に照らした評価　入出力モデル
　　教授＝学習のプロセス，目標達成を意図したカリキュラム
　　例　行動主義心理学「A から A'へ」
　②羅生門的接近 (rashomon approach)
　　【一般的目標→創造的教授・学習活動→記述→一般的目標に照らした判断評価】
　　目標の達成に捉われない評価。
　　　教育の事実を，主観も含めて評価する

カリキュラムといってもその考え方は多様であり，明確に整理することが難しいということが言えよう。

ここでは，学習指導要領を，日本の学校教育におけるカリキュラムの基準として捉えておくことにする。

(3) カリキュラム・マネジメントとは何か

カリキュラム・マネジメントとは，カリキュラム（curriculum 教育課程）という用語と，マネジメント（management 経営・管理）という用語が合わさってできたものである。したがって，日本語に訳すと**教育課程経営**や**教育課程管理**となる。

カリキュラム・マネジメントは，カリキュラムの経営管理論として，カリキュラムを管理するための実践的な技法（経営管理）の確立を図るためにある。近年，教育においても，構成する内容や要素が複雑・多岐にわたるようになり，教育として対象とする範囲が広くなり，また教育内容の専門性が増したため，それを管理する必要性が出てきた。そこで，このカリキュラム・マネジメントの必要性が言われるようになった。

このカリキュラム・マネジメントにおいて行われるのが，**PDCAサイクル**（PDCA cycle, plan-do-check-act cycle）である。このPDCAサイクルは，フランスのジュール・アンリ・ファヨール（Jule Henri Fayol）という経営管理の基礎理論を立てた経済学者が，提唱した。ジュール・アンリ・ファヨールは，管理活動を重要視し「管理とは，計画し，組織し，指揮し，調整し，統制するプロセスである。」と定義し，PDCAサイクルを，企業等での事業活動における生産管理や品質管理などの管理業務を継続的に行い，それを改善するために行われる手法として提起した。

カリキュラム・マネジメントは，このPDCAサイクルを，複雑化・多様化した教育においても，用いるようになったものである。

PDCAサイクルの，それぞれの内容は，一般的には以下のものとされている。

①Plan（計画）：計画を作成する
②Do（実施・実行）：計画に沿って実施・実行する
③Check（点検・評価）：計画に沿って実施・実行されているかどうかを確認する
④Act（処置・改善）：実施が計画に沿って実行されていないことを調べて処置する

　この④の段階をサイクルの中で，**PDCI** とし，「I」を innovation（革新）または，improvement（改善）とする考え方もある。

(4) カリキュラム・マネジメントの構造

　カリキュラム・マネジメントの構造図を示すと，次ページのようなものが考えられる（**図2**）。
　構造図の中の，**リフレクション**は，単なる振り返りではなく，全体の流れを振り返り，跡付けして再構成し，吟味して意味付ける行為としてのものである。
　教育の内容は，この構造図が示すように，学校教育における全体を通して育成するものであり，部分的なパーツも大切ではあるが，それらを統制するプロセスが重要となる。

(5) 企業における評価と学校評価との違い

●評価サイクルの違い

　カリキュラム・マネジメントには，評価が機能しなくてはならない。しかし，学校教育におけるカリキュラム・マネジメントは，企業における評価と異なることを確認しておきたい。
　企業における評価は四半期毎に行われている。そして，利潤が上がらない場合は，すぐに方針変更を行い，経営を改善・改革できる構造となっている。
　ここが，教育との大きな違いである。教育の目的は，児童生徒を育

4 カリキュラム・マネジメントの考え方

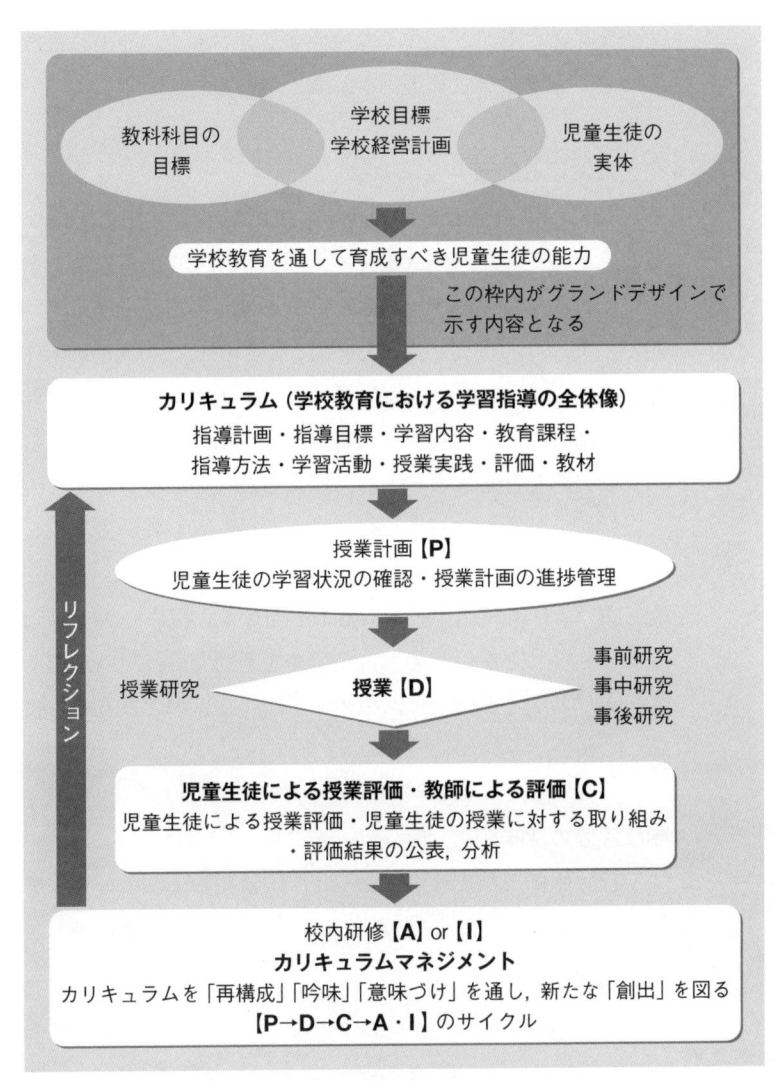

```
      教科科目の        学校目標        児童生徒の
        目標        学校経営計画        実体

           ↓
   学校教育を通して育成すべき児童生徒の能力
              この枠内がグランドデザインで
              示す内容となる
           ↓
   カリキュラム（学校教育における学習指導の全体像）
   指導計画・指導目標・学習内容・教育課程・
   指導方法・学習活動・授業実践・評価・教材
           ↓
   授業計画【P】
   児童生徒の学習状況の確認・授業計画の進捗管理
           ↓
   授業研究    授業【D】    事前研究
                          事中研究
                          事後研究
           ↓
   児童生徒による授業評価・教師による評価【C】
   児童生徒による授業評価・児童生徒の授業に対する取り組み
   ・評価結果の公表，分析
           ↓
   校内研修【A】or【I】
   カリキュラムマネジメント
   カリキュラムを「再構成」「吟味」「意味づけ」を通し，新たな「創出」を図る
   【P→D→C→A・I】のサイクル

   （リフレクション）
```

図2 | カリキュラム・マネジメントの構造図

成することにある。そこには，長い年月が必要とされる。義務教育だけでも9カ年行われる。それゆえ，学校教育の内容の基準となる学習指導要領は，ほぼ10年ごとの改訂になっている。教育内容を短期で変更することは，学力形成という人間の成長に関わる教育には，そぐわない。

企業におけるカリキュラム・マネジメントを，そのまま教育に置き換えることができない理由が，ここにある。

●**企業における評価**

　企業における評価では，近年，PDCAサイクルを用いない傾向にある。そもそも，PDCAサイクルは，初めにPlan（計画）を立てるが，その計画段階で利潤が上がらないことは，当初から考えていない。したがって，Do（実施・実行）をすることの中で，Check（点検・評価）をすることも，既にPlan（計画）の中で予想されていなければ，損失が出てしまう。Do（実施・実行）やCheck（点検・評価）の段階で，当初の目的を修正することは，考えられないのである。

　企業は，初めから修正を行うことを目的としているような評価システムを考えてはいないのである。したがって，Plan（計画）・Do（実施・実行）・Check（点検・評価）を通して，初めてAct（処置・改善）するということを行うのは，企業での活動では，対応が遅くなり，利潤を上げることの中では，極めて不適切なものとなってしまうのである。

●**学校評価の意味**

　学校評価は，学校をよりよくし，学習者のよりよい育成を図るために行われる。そのことについては，以下のように整理ができる。

> ①学校評価は，評価によって学校をいかによりよくしていくかが目的である。
> ②学校評価における「評価」ということばは，値踏みをするための評価ではなく，学校教育を支援し・支えるためにある。
> ③学校評価は，学校に関わる生徒・教職員・保護者・地域社会・教育委員会・外部評価者が協同して，学校をよりよくしていくことに意味がある。

　学校評価は，企業における評価とは異なり，児童生徒の成長のために，その成長に合わせて，時間をかけながら行うことに意味がある。

短期の周期で行うと，児童生徒の成長の中で評価すべきことが見失われてしまう恐れがある。

しかし，企業における評価のような短期の評価を，学校評価においてもあわせて行う必要がある。短い周期の中での評価が行われなければ，教育におけるさまざまな即時的な課題についての対応が遅くなってしまうからである。

それぞれの学校において，長期と短期，それぞれのスパンにおける学校評価を充実させるためには，絶えざる自己認識が必要となる。

教育は，基本的には保守的である。それは，その根底に，文化の継承と伝承ということが含まれているからでもある。しかし，現状維持をしているだけでは，時代が求める，時代に通用する学力を，未来に生きる児童生徒に育成することができない。教育の状況を，これでよしとすると，現状で停滞してしまう。

知識基盤社会へと世界的規模で転換している今日，日本のこれからを担う子どもたちに，これからの世界で通用する学力を育成するには，学校教育におけるカリキュラムを適切に評価・改善し，保守としての「不易」と，革新としての「流行」とをバランスよく実現させることが求められている。

●学校教育における数値目標のプラスとマイナス

企業における評価に，数値目標を採り入れたことから，学校評価においても数値を用いることが取り入れられるようになった。しかし，この数値目標を学校評価で行うことには，プラスとマイナスとがあることを自覚しておかなくてはならない。

数値目標は，目標として立てた内容について，その成果が数値で表れるために分かりやすいというメリットがある。しかし，その対象が量的（定量的）に評価できる内容や場合に限って有効であることを確認しておきたい。また，数値で示すことで客観性が保証されるという面もあるが，数値で評価することすべてが客観性を有するかというと必ずしもそうではない。数字は，その取り上げ方によって，見せる顔を変えてしまうからである。

数値による評価が用いられる背景には、数値を用いることによって評価結果についての納得を得やすくなるということがあろう。特に、複数の評価対象と比較する場合には、より有効に機能する。確かに、数値目標を設定すると、目標がはっきりとする。しかし、その反面、数値を上げることのみが目的となり、本来的に何を行わなければならないのか、その目的がずれてしまうこともないとは言えない。

　さらに、数値をエビデンス（evidence）とすることにより、根拠が明確になる場合もある。

　一方、評価は、数値に表すことのできないものもある。それは、評価対象が質的（定性的）に評価することが適切な場合である。学校教育には、数値のみで評価することのできない内容、数値で評価しない方がいい場合も多くある。例えば、授業中に、児童生徒の学習している瞬間を捉えて、ことばによって褒めること等は、質的な評価である。そして、このような評価は、学習者の意欲を高めたり、自分のよさを自覚させたりすることに大きな働きをする。

　しかし、質的な評価は、その多くをことばによる表現を持って評価を行うため、ともすると主観的な評価となる場合もある。ここに、質的な評価の難しさがある。

　量的評価と質的評価とのそれぞれのメリット、デメリットを踏まえながら、評価によって教育目標を実現したり、教育内容をよりよくしたりしていくことが、児童生徒の学力育成に機能する。

(6) 学び方のカリキュラム

　カリキュラムにおける教育内容を決定するのは、児童生徒に学力を育成する立場にある学校である。授業は、意図的・計画的なものであるとするならば、誰が授業内容を決定し、誰が授業課程を組織・構成するかは、明白である。

　学習者主体という学習者側から授業を創る考え方もある。確かに学校教育の主体、主役は、学習者である児童生徒である。しかし、教育の目標や内容、方法について、学習者自らが、意図的・計画的に教育

課程を編成することや，授業を計画することには無理がある。主体的学習といっても，実は，教師の指導がそこに機能しなければ，授業として成り立たない。

　学校教育の主役は，学習者であるが，その学習者に学力を育成するのは，学校や教師であることは言うまでもない。だからこそ，カリキュラム（教育課程）があり，それをマネジメント（経営・管理）するのである。

　ここまで，教育内容に焦点を当ててカリキュラムについて考えてきたが，次に児童生徒の活動の指標としてのカリキュラムについて考えたい。児童生徒が，授業中に教室の他者と関わりながらどのように学んでいくか，という児童生徒の活動の指標としてのカリキュラムは，これまでの日本の学校教育においては，それぞれの教室やそれぞれの教員によって，経験的に行われてきているが，それは，あまり一般化されていない。それぞれの場所で，それぞれに行われており，児童生徒の活動の指標としての学び方のカリキュラムとしては定位していない。

　この学び方のカリキュラムについても教育内容のカリキュラムと同様，教師が意図的・計画的に指導することが求められる。ヒドゥンカリキュラム（Hidden Curriculum）のように自然習得的に考えがちであるが，児童生徒が生得的に持っているものではないし，日常の学習の中で自然に身に付けていくことはきわめて困難なものであるからである。したがって，この学び方のカリキュラムは，学習内容のカリキュラムとは別に位置付け，カリキュラム・マネジメントをしなくてはならないものである。

　この学び方のカリキュラムについては，例えば，次のようなものがある（次ページ**表3**）。学習者が学ぶための，いろいろな約束事をカリキュラム化し，それを学校全体で，教職員がチームとなって身に付けさせていく。小学校なら6年間，中学校なら3年間かけて育成していくのである。

　表3で示した学び方のカリキュラムは，「あたたかな聴き方」「やさしい話し方」という教育課題を実現するための基盤として作られたカ

表3 │「あたたかな聴き方」「やさしい話し方」実現のためのカリキュラム

聴き方	STEP	話し方
・自分の考えをいつ話したらよいのか，自分の出番を考えながら聴く	STEP 11	・話し合いの論点に沿って自分の出番を考えて話す
・自分の考えを深めたり広めたりするつもりで聴く	STEP 10	・結論から述べ，根拠を明らかにして話す
・聴いた内容について考えを深めるため相談相手を選択する	STEP 9	・日常生活等の経験をもとに自分の考えを話す
・聴いた内容について相談する	STEP 8	・友だちの考えを詳しく話す
・話し手の言いたいことを分かろうとして聴く	STEP 7	・友だちの考えや意見につなげて話す
・聴きやすい場所に移動して聴く	STEP 6	・聞き手の反応を確かめながら話す
・自分の考えと比べながら聴く	STEP 5	・言いたいことを区切って話す
・自分の考えを持って聴く	STEP 4	・みんなに聞こえるような声の大きさで話す
・人の話を最後まで聴く	STEP 3	・みんなの方を向いて話す
・うなずいたりつぶやいたりしながら聴く	STEP 2	・ゆっくり話す
・話す人の方を見て聴く	STEP 1	・指名されたら返事をする

リキュラムである。

　後に詳述するが，この「あたたかな聴き方」「やさしい話し方」は，教育の基盤であり，ここが学校教育におけるコミュニケーションの拠点となる。

　教室は，自分以外の他者との関わりの中で形成されていることは，既に述べた。このコミュニケーションを重視した授業をいかに行うかが，カリキュラム・マネジメントとしての課題でもある。

5 これからの時代に求められる教員像

(1) 求められる資質

　これからの時代の学校教育は，これまでの時代における学校教育とは，大きく変わっていかなくてはならない。そのことについては，既に述べてきたが，特に，グローバル化した今日の社会は，日本だけ独自の内容を行うことのできにくくなった社会でもある。

　また，社会構造の変化に伴って，これまで学校に求められてきた内容の変化も認められる。中央教育審議会「教職生活の全体を通じた教員の資質能力の総合的な向上方策について（答申）」（平成 24 年 8 月 28 日）では，そのことについて，「1．これからの社会と学校に期待される役割」として，以下の内容を示している。

- グローバル化や情報通信技術の進展，少子高齢化など社会の急激な変化に伴い，高度化，複雑化する諸課題への対応が必要となっており，多様なベクトルが同時に存在・交錯する，変化が激しく先行きが不透明な社会に移行しつつある。
- こうした中で，幅広い知識と柔軟な思考力に基づいて，知識を活用し，付加価値を生み，イノベーションや新たな社会を創造していく人材や，国際的視野を持ち，個人や社会の多様性を尊重しつつ，他者と協働して課題解決を行う人材が求められている。
- これに伴い，21 世紀を生き抜くための力を育成するため，これからの学校は，基礎的・基本的な知識・技能の習得に加え，これらを活用して課題を解決するために必要な思考力・判断力・表現力等の育成や学習意欲の向上，多様な人間関係を結んでいく力の

育成等を重視する必要がある。これらは，様々な言語活動や協働的な学習活動を通じて効果的に育まれることに留意する必要がある。さらに，地域社会と一体となった子どもの育成を重視する必要があり，地域社会の様々な機関等との連携の強化が不可欠である。

○また，学校現場では，いじめ・暴力行為・不登校等生徒指導上の諸課題への対応，特別支援教育の充実，外国人児童生徒への対応，ICTの活用の要請をはじめ，複雑かつ多様な課題に対応することが求められている。加えて，社会全体の高学歴化が進行する中で教員の社会的地位の一層の向上を図ることの必要性も指摘されている。

○このため，教員がこうした課題に対応できる専門的知識・技能を向上させるとともに，マネジメント力を有する校長のリーダーシップの下，地域の力を活用しながら，チームとして組織的かつ効果的な対応を行う必要がある。

○もとより，教員の自己研鑽の意欲は高いものがあり，日本の授業研究の伝統は諸外国からも注目され，こうした自主的な資質能力向上の取組がこれまで日本の教育の発展を支えてきたとの指摘もある。今後，学校を取り巻く状況が大きく変化していく中で，そうした様々な校内・校外の自主的な活動を一層活性化し，教職員がチームとして力を発揮していけるような環境の整備，教育委員会等による支援も必要である。　　　　　　　　　　　　　(pp.1-2)

　さらに，「2. これからの教員に求められる資質能力」として，以下の内容を示している。

○これからの社会で求められる人材像を踏まえた教育の展開，学校現場の諸課題への対応を図るためには，社会からの尊敬・信頼を受ける教員，思考力・判断力・表現力等を育成する実践的指導力を有する教員，困難な課題に同僚と協働し，地域と連携して対応する教員が必要である。

○また，教職生活全体を通じて，実践的指導力等を高めるとともに，社会の急速な進展の中で，知識・技能の絶えざる刷新が必要であることから，教員が探究力を持ち，学び続ける存在であることが不可欠である（「学び続ける教員像」の確立）。

○上記を踏まえると，これからの教員に求められる資質能力は以下のように整理される。これらは，それぞれ独立して存在するのではなく，省察する中で相互に関連し合いながら形成されることに留意する必要がある。

（ⅰ）教職に対する責任感，探究力，教職生活全体を通じて自主的に学び続ける力（使命感や責任感，教育的愛情）

（ⅱ）専門職としての高度な知識・技能
- 教科や教職に関する高度な専門的知識（グローバル化，情報化，特別支援教育その他の新たな課題に対応できる知識・技能を含む）
- 新たな学びを展開できる実践的指導力（基礎的・基本的な知識・技能の習得に加えて思考力・判断力・表現力等を育成するため，知識・技能を活用する学習活動や課題探究型の学習，協働的学びなどをデザインできる指導力）
- 教科指導，生徒指導，学級経営等を的確に実践できる力

（ⅲ）総合的な人間力（豊かな人間性や社会性，コミュニケーション力，同僚とチームで対応する力，地域や社会の多様な組織等と連携・協働できる力） (pp.2-3)

　この中で，特に注目されるのが，上記（ⅰ）（ⅱ）（ⅲ）に示されている「これからの日本の教員に求められる資質能力」である。教師に求められる資質は，時代が求める学力の育成を保障するものでなくてはならない。

　これまでの日本の学校教育は，質の高いものであった。それは，教師の質に支えられていたとも言えよう。しかし，時代が変わる中で，これまでの教師に求められてきた資質や能力と，これからの時代の教師に求められるものに，変化が出てきていることも確かである。それ

は，まさに，時代が求める学力の変化に伴うものである。

(2) 教師として成長し続ける

　　教師になってから 10 年も経つと，採用試験当時に学んだことを忘れたり，学んだこと自体が時代の変化によって古びたりすることが起こりうる。また，学校組織の中核的な存在になるにしたがって多忙となり，教師としての自分を振り返る時間がなかなか持てない場合もある。そこで，教員を 10 年間経験した者を対象にして，「教育公務員特例法の一部を改正する法律」（以下「改正法」という）が，平成 15 年（2003 年）4 月 1 日から施行された。これを「**10 年経験者研修**」と呼ぶ。

　　この「改正法」の趣旨は，教諭等としての在職期間が 10 年に達した者に対する個々の能力，適性等に応じた研修を制度化するものである，と示されている。

　　時代が変わる中で，教育内容や教育方法も変わっていく。教師は，教師という職業につくことで終わりではなく，いかに教師として成長し続けることができるかが，問われる。そこには，教師としての職能的な成長が求められている。それなくしては，次代を生きる子どもたちの育成を行うことはできない。

　　この教師が学び続けなくてはならないことを，さらに制度化したものが，**教員免許更新制**である。これは，平成 19 年 6 月の改正教育職員免許法の成立により，平成 21 年 4 月 1 日から導入されたもので，以下の内容が示されている。

（1）更新制の目的は，その時々で教員として必要な最新の知識技能を身につけること。
（2）平成 21 年 4 月 1 日以降に授与された教員免許状に 10 年間の有効期間が付されること。
（3）2 年間で 30 時間以上の免許状更新講習の受講・修了が必要となること。

さらに，文部科学省は，教員免許更新制の目的を，次のように述べている。

> 　教員免許更新制は，その時々で教員として必要な資質能力が保持されるよう，定期的に最新の知識技能を身に付けることで，教員が自信と誇りを持って教壇に立ち，社会の尊敬と信頼を得ることを目指すものです。
> 　更新制は不適格教員を排除することを目的としたものではありません。

　教師として成長し続けるためには，時代が求める学力とは何か，それをどのようにして育成していくかについて考え続けることが大切である。

　横浜国立大学教育人間科学部附属教育デザインセンターでは，『教師として成長し続けるために』の三部作「若手の先生に贈る20のメッセージ」「中堅の先生に贈る20のメッセージ」「ベテランの先生に贈る20のメッセージ」（2012年3月）（3編とも全48ページ）を発刊した。（PDFファイルをダウンロード可能。詳細は，HP参照。）[*1]
　その目次を追ってみる。
　「20のメッセージ」の内，若手編，中堅編，ベテラン編それぞれのライフステージでのマネジメント能力について述べている「第1章　ライフステージに応じて求められるマネジメント能力を身に付けるために」の目次は，**表4**のような内容となっている。

　この若手編・中堅編・ベテラン編の目次内容を通してみると，それぞれのライフステージで求められる教師像が見えてくる。
　「20のメッセージ」の内，若手編，中堅編，ベテラン編に共通する「第2章　これからの時代に求められる授業力を身に付けるために」の目次は，**表5**のような内容となっている。

---

*1　http://www.edu-design.ynu.ac.jp/no37/

表4｜若手編・中堅編・ベテラン編「第1章」の各目次

【若手編】

学校を歩いてみよう〜校内は自分を育てる教材の宝庫〜
10年後の自分をイメージしよう〜目標をもつことが向上への第一歩〜
進んで質問したり，相談したりしよう〜先輩職員はそれを待っている〜
先輩教師に授業を見ていただこう〜子どもたちとあなた自身の成長のために〜
学校づくりに参加しよう〜会議で発言し，自分を高めていく〜
優れた実践をまねてみよう〜「学ぶ」ことは，「まねる」ことでもある〜
授業や仕事にオリジナリティを加えよう〜ひと手間加えることの大切さ〜
日頃のコミュニケーションを大切にしよう〜先輩教員の実践の「行間」を読む〜
子どもや保護者の声に耳を傾けよう〜教育相談は学級づくりの土台〜
成果と課題を振り返る時間をもとう〜検証のない実践は危うい〜

【中堅編】

仕事の視野を広げていこう〜自分の仕事と他の先生の仕事とをつなげて考える〜
自分に期待される役割は何かを考えよう〜ミドルリーダーに求められるもの〜
今までの教師生活を振り返ってみよう〜最もわかりやすい教育書は，自分の実践である〜
教職員同士をつなぐ橋になろう〜教育実践の中で蓄えられた財産を共有するために〜
学校に新しい風を送り込もう〜教育における「不易」と「流行」〜
謙虚になろう〜周りの人たちのよさから学ぶ〜
発信力を高めよう〜前向きな学校風土をつくるために〜
責任ある立場に立つことをチャンスととらえよう〜チームという発想を大切にする〜
保護者が話しやすい教師になろう〜様々な声を学年経営・学級経営などに生かす〜
マネジメントについて学ぼう〜マネジメントは管理職だけの仕事ではない〜

【ベテラン編】

教師生活を振り返ってみよう〜これまでの経験をこれからに生かす〜
学校マネジメントを常に意識しよう〜連帯感や活力のある学校をつくる〜
創造的なリーダーになろう〜「なべぶた」型組織におけるリーダーの役割〜
時代の変化，子どもの変化に敏感になろう〜経験頼みは両刃の剣〜
自分の教育実践を伝えていこう〜技術だけでなく，思いも伝える〜
失敗体験を語っていこう〜それがコミュニケーションにつながる〜
ICTの活用に積極的に取り組んでみよう
　〜経験値がプラスされることで，ICT活用の効果がアップする〜
若い人たちの相談に乗ろう〜自分もかつて通ってきた道〜
報・連・相を大切にしよう〜「慣れ」は味方であると同時に敵でもある〜
地域に信頼される学校をつくろう〜子どもは学校だけでは育てられない〜

表5｜「第2章」の目次

【若手，中堅・ベテラン共通】
これからの時代に求められる学力を育てる授業を〜時代が変われば学力観も変わる〜
付けたい力を明確にした授業を〜「初めに教材ありき」から「初めに付けたい力ありき」へ〜
子どもに目標・学習活動・評価を示す授業を〜問題解決能力を高める〜
評価を大切にした授業を〜「価値を決める評価」から「支援のための評価」へ〜
学習の見通しと振り返りを大切にした授業を〜メタ認知能力を育てる〜
単元を通して学力を育成する授業を〜一時間の授業から単元の授業へ〜
学習課題を工夫した授業を〜子どもたちの学習意欲が高まる課題づくり〜
「わからない」を大切にした授業を〜一部の子どもたちだけと授業を進めない〜
共に学び合う授業を〜教室という空間のすばらしさを実感させる〜
教師にとっても楽しい授業を〜つまらなそうな表情の教師から楽しい授業は生まれない〜

　ここに認められるのは，教育の現代的課題でもある。時代の変化の中で，教育の内容も変化しなくては，今を生きる児童生徒に，次代に通用する学力の育成を図ることはできない。教師は，未来を創るために授業をしているのである。

(3) 教員養成スタンダード

　今日，日本においても**教員養成スタンダード**が開発され，全国の教員養成大学においては，それをもとに教員養成が行われ始めている。
　例えば，横浜国立大学教育人間科学部が文部科学省「大学・大学院における教員養成プログラム『「横浜スタンダード」開発による小学校教員養成』」（平成17・18年度）や，兵庫教育大学による「兵庫教育大学教員養成スタンダードハンドブック2011年度入学生」等は，日本の教員養成大学における大学としての教員養成のスタンダードを開発し，実行しようとしているものである。
　このような教員養成スタンダードは，日本のみならず他の国においても開発されている。
　アメリカの教員養成スタンダードといえば，**INTASC**（Interstate

New Teacher Assessment and Support Consortium）がある。これは，州ごとの教育委員会が定めている教員としての資質基準と大学などの教員養成機関との間で，整合性をもつものとして定められたものである。

　教員養成スタンダードで注目されるのは，ドイツにおける教員養成スタンダード 2004 年（平成 16 年）である。その内容は，以下のものである。

〈コンピテンシー分野：授業する〉教員は教育の専門家である
- 教員は，授業を専門的かつ客観的なことに即して計画し，専門的かつ客観的に正しく実施する。
- 教員は，学習状況を形成することによって，児童・生徒の学習をサポートする。また，児童・生徒を動機づけ，彼らが文脈を立てて習得したことを使えるようにする。
- 教員は，生徒の能力を自主的な学習や活動に向けて促進する。

〈コンピテンシー分野：教える〉教員は自らの教育的課題を果たす
- 教員は，児童・生徒の社会的・文化的な学習条件を認知し，学校の枠内で個々人の発達に対して影響力を行使する。
- 教員は，価値と規範を教え，児童・生徒の自主的な判断と行為をサポートする。
- 教員は，学校や授業での困難さやコンフリクトに対して，解決のきっかけを見出す。

〈コンピテンシー分野：判断する〉教員は自らの判断する役目を公正に，かつ責任感をもって遂行する
- 教員は，児童・生徒の学習条件や学習プロセスを診断する：児童・生徒を目的に向けて促進し，学習者やその両親に助言を行う。
- 教員は，児童・生徒の成績を透明性のある判断基準に基づいて把握する。

〈コンピテンシー分野：刷新する〉教員は自らの能力を絶えず向上させ続ける。
- 教員は，教職の特別なニーズを意識する。自らの職を特別な責任と義務のある公職と理解する。
- 教員は，自らの職を絶えざる使命と理解する。
- 教員は，学校のプロジェクトや計画の立案や実施に関わる。

文部科学省生涯学習政策局調査企画課・編著『諸外国の教育改革の動向　6か国における21世紀の新たな潮流を読む』ぎょうせい，平成22年4月20日（p.220）

　上記では，教員の資質についての項目をコンピテンシー分野に分け，それぞれ「**授業する**」「**教える**」「**判断する**」「**刷新する**」の4つの項目について，教員として行うべき指標を明示している。

　これは，先に示した中央教育審議会「教職生活の全体を通じた教員の資質能力の総合的な向上方策について（答申）」の中の，「これからの日本の教員に求められる資質能力」に近く，このドイツの教員養成スタンダードの方が，INTASCより具体的である。このドイツの教員養成スタンダードの内容を，学校という地平から見ているものが，横浜国立大学教育人間科学部附属教育デザインセンターの『教師として成長し続けるために』の三部作である。

IV

汎用的学力育成のための授業
――「聴いて 考えて つなげる」授業――

1 時代状況の変化と授業改革

(1)「聴いて 考えて つなげる」授業の目的

　　　　時代の中で学力観とともに学力の内容が変化してきていることは，ここまでに見てきた。その結節点は，**PISA調査**と**学校教育法30条の2項**である。

　　　　教育を変えていくことは，高度な専門職としての教師が，今日的な教育状況を把握し，その変革へのベクトルを自覚し，それを授業実践として具体化していくことでしかできない。だからこそ，単に授業のみを対象としてきた授業研究を，カリキュラムとの連関の中で捉えようとする，カリキュラム・マネジメントの充実を図る方向性が出現してきている。さらに，先進諸国において，教員スタンダードや教員養成スタンダード，そして，教員研修の充実を図ろうとしている状況は，学校教育の中心としての教師の在り方の重要性を示している。

　　　　このような教育の転換期に当たって，これまでと同じ考えで授業を行っていたのでは，これまでの学力観の踏襲となってしまう。そこで，本章ではこれからの時代が求める学力保障のための授業を提案する。

　　　　この授業は，「あたたかな聴き方」「やさしい話し方」を学校づくりの基盤とし，授業においては「聴いて　考えて　つなげる」こと，すなわちPISA型「読解力」の「受信→思考→発信」のサイクルを具体的な学習活動として行い，読解力（Reading Literacy）が求める学力と，学校教育法30条2項で示されている3つの重要な学力の要素の育成を図ろうとするものである。

(2)「聴いて 考えて つなげる」授業の成立の経緯

　この「聴いて 考えて つなげる」授業は，平成13年（2001年）度静岡県藤枝市の青島東小学校に，筆者が共同研究者として関わることから始まった。当時の校長である大橋智之先生は，藤枝市の高洲南小学校で昭和56年の開校時の研修主任や静岡大学附属静岡小学校副校長を務められるなど，校内研修を通して学校づくりをされてこられた先生である。

　大橋校長は，「学校改革で最も重要なのは，授業改革である」とされ，授業における「子ども同士の関わり」を最重要視された。そして，それまでの伝達型の授業観を変え，「教師の出番」を重要とした授業構成の在り方を追求する授業研究・授業開発を行った。

　平成13年度に始まった青島東小学校の授業研究は，平成15年度に学力向上フロンティアスクールに指定されることにより，一層の発展をみた。当時，教育界では，平成10年度版学習指導要領改訂を受けた，いわゆる「ゆとり教育」への批判が高まりつつあり，その反動として，学力としての基礎・基本を育成しなければならないという潮流があった。

　この，いわゆる「ゆとり教育」からの転換を図らなくてはならない，という教育状況の中で，文部科学省は，平成14年度から全国で学力向上フロンティアスクールの指定をし，学力向上を図ることを目指した。その観点は，以下のようなものである。

　　　フロンティアスクールにおいては，児童生徒一人一人の実態に応じたきめ細かな指導の一層の充実を図るという観点から，
　　　①発展的な学習や補充的な学習など個に応じた指導のための教材の開発
　　　②個に応じた指導のための指導方法・指導体制の工夫改善
　　　③児童生徒の学力の評価を生かした指導の改善
　　など，「確かな学力」の向上のための実践研究を一体的に行うとともに，公開授業などを通じて，積極的にその成果の普及に努めるも

のとする。

　学力向上フロンティアスクールに指定された小学校においては，学力の基礎・基本として「読，書，算」を中心とし，漢字の読み書きや計算能力の向上を図るトレーニング的な学習を取り入れる学校が多くあった。

　このような傾向に対して，青島東小学校は，大橋校長のもと，フロンティアスクールの観点として示された「②個に応じた指導のための指導方法・指導体制の工夫改善」を中心に行うことになった。

　さらに，時を同じくして，2003年（平成15年）のPISA調査の読解力の結果が2000年調査の時から順位が下がり14位（2000年調査では，8位）となり，単に，漢字の読み書きや計算能力の向上を図るトレーニング的な学習のみでは，PISA調査の読解力で求める学力の育成はできないことが明らかになってきた。このような状況の中，青島東小学校では，後に学校教育法で示される学力としての思考力・判断力・表現力の育成を図る授業開発を，学校全体として取り組む方向性を確立した。同時に，校内研修を通しての授業づくりに際して，学校全体が「チーム青東」という**チーム意識**をもって，小学校6年間のスパンを通して児童を育成する方向性も確立した。

(3) 授業観の転換

　青島東小学校では，学校経営の中核に授業を位置付け「授業を通して，人を育てる」ことを行っている。そのためには，まず，教師の授業観の転換が図られなくてはならない。これまでの授業では，教師が授業の中心に位置し，教師の発問と説明と指示によって授業が展開されてきている。そのような教室では，教師が「分かる人」と聞き，子どもたちに手を挙げさせ，答えさせる授業が行われてきた。しかし，このような授業では，教師の質問に分かる子どもは手を挙げるが，分からない子どもは手を挙げないで，黙っているほかにない。

　そもそも学校で学ぶ，ということは，子どもたちがそれまでに知ら

ないことや習っていないこと，分からないことを，授業を通して学ぶことに意味がある。初めから知っている子や分かる子どもが，教師の発問に誘導されて発表するような授業のみが展開するのであれば，多くの子どもにとっては何のために学校で学んでいるのかが分からない。このような授業は，学校教育の本質とずれた授業と言わざるを得ない。

　知らないことや習ってないこと，分からないことが授業を通して分かるようになる。できないことが授業を通してできるようになる。その喜びを，一人一人の子どもたちに授業を通して実感させることこそ，これからの時代が求める，主体的に授業に取り組む態度を育成することのできる授業である。

　そのためには，教師がこれまで持っている授業観の転換を図らなくてはならない。これまでの教師としての自分が持っていた「子どもの見方を変える」，「子どもとの関わりを変える」「何を育てるのかを変える」という，発想の転換が求められる。

2 「聴いて 考えて つなげる」授業づくりの意味

(1)「あたたかな聴き方」と「やさしい話し方」

　「聴いて 考えて つなげる」授業は，単に学習活動としてのものではない。ここを取り違えると，形式的な話し合いの授業になってしまう。人の話を聴き，聴いたことを基にして考え，それをさらに自分の中で再構成して意味付けをした後，他者に自分の考えを伝える，という「受信→思考→発信」のプロセスを学習者に自覚させながら，学習を深めていくところに大きな意味がある。

　この「聴いて 考えて つなげる」授業は，教室というコミュニティーの中での学習者の**コミュニケーション活動（対話）**が重要であり，その能力の育成と，そのためのスキルを含んだ授業であると言えよう。

　このような「聴いて 考えて つなげる」授業を行うには，それ以前に，学校全体としての共通基盤として，教師一人一人が，学校として何をしたらよいのか，また，自分が受け持っている学年やクラスで，どのような指導をすればよいのか，という，学校の教育の方向性を明確に理解しておくことが重要となる。このことは逆に，自分のクラスだけ，というような，いわゆる学級王国に閉じている学校では，授業改革ができない，ということでもある。

　「聴いて 考えて つなげる」授業を行うには，学校全体の基盤として，「あたたかな聴き方」「やさしい話し方」が定位しなくては，その実現は不可能である。

●「あたたかな聴き方」

　「あたたかな聴き方」とは何か。簡単に言ってしまえば，他者受容

に基づく他者理解である。しかし，そこには，聴こうとして聴く，という聴き手の意志の存在が重要となる。

「あたたか」ということばの漢字は，「暖」「温」である。

「暖」は，皮膚感覚的な「あたたか」さ。例えば，「暖かな日」という用い方をする。「温」は，気持ちの「あたたか」さ。例えば，「温かな人」という用い方をする。しかし，「暖かみのある人柄」「温かい水」などの言葉もあるように，「暖」と「温」とを明確に区別して使い分けることは，それを用いる状況によるので，難しさもある。そこで，ここでは平仮名表記とした。

「聞く」でなく「聴く」という漢字を用いたのは，「聴く」という漢字に「心」という字が含まれているように，理解することや相手の言うことを受け入れるだけでなく，自分から進んで積極的に耳を傾けることを大切にしたいと考えたからである。

「あたたかに」「聴く」ことにより，他者を受容しつつ，他者の発言内容を理解し，自己の思いや考えと相対化し，**能動的**に聴く行為を「あたたかな聴き方」とする。

● 「やさしい話し方」

「やさしい話し方」は，「あたたかな聴き方」と対をなすもので，表裏一体となる行為である。ただし，どちらが先ということではない。

「やさしい話し方」では，他者意識が大切である。本来，人に話をする，という行為は，自分の考えやものの見方・感じ方などを，他者に分かってもらうために発話することである。

「やさしい」には，「優しい」と「易しい」という，これもまた「あたたか」と同様に，二つの漢字がある。

「優しい」は，「人に対しての優しさ（おもいやり）」であり，「易しい」は，「行為や話の内容の易しさ（分かりやすさ）」である。

「やさしい話し方」とは，「おもいやり」と「分かりやすさ」とを兼ね備えたものであり，そこには相手意識がなくてはならない。誰に向かって話すのか，どのように話したら分かってもらえるのか，ということを自覚しつつ話すことが求められる。

(2)「聴いて 考えて つなげる」授業の教室づくり

　「あたたかな聴き方」「やさしい話し方」は，コミュニケーションとしての「話すこと」「聴くこと」を，教室における授業という**双方向性**(interactive)のある関係の中で，多面的に織りなしていくことで実現される。

　授業は，自分以外の他者との関わりの中で成立することは，先にも述べた。その他者と関わることは，コミュニケーションを行っていることに他ならない。そのコミュニケーションを，創り上げ充実させていくことが，これからの時代の授業づくりになる。

　このような授業に，「あたたかな聴き方」と「やさしい話し方」とが機能する。この「あたたかな聴き方」と「やさしい話し方」とが機能した授業では，以下の3つの教室づくりが行われるようになる。

> ①学習者同士が受容的な態度になり，教室の他者に対して共感的な態度を持つようになり，他者を尊重して授業に取り組むことができるようになる。
> ②他者を尊重すると同時に，自己も尊重することで，教室の中での安心感（居場所）が生まれる。
> ③お互いを尊重することで，教室というコミュニティーが形成される。

　学校は児童生徒が安心して通える場所である。また，そのような場所でありたい。そのような居場所づくりが，学校の一つ一つの教室で行われることが求められる。それは，各教室，それぞれの授業において，「あたたかな聴き方」と「やさしい話し方」とを行うことで可能となる。そのためには，まず，児童生徒の「聴くこと」が重要であるとともに，教師もしゃべりすぎないように注意する必要がある。

　先に紹介した青島東小学校では，学校経営の中核に授業を位置付け「授業を通して，人を育てる」ことを行っている。そして，特に「聴く」ことを重視している。「聴く」ことは，フィンランドにおける小学校への就学前教育においても重視されている。

「聴いて　考えて　つなげる」授業は，各教室における学習者の学習を通して，それぞれの学習者の個に合った学力の育成を図るための授業づくりを志向している。これまでにも述べてきたが，この「聴いて　考えて　つなげる」授業は，PISA調査で示されているキー・コンピテンシーの育成を目指すものであり，そのための読解力（Reading Literacy）の育成を図ることをねらいとしている。

　この「聴いて　考えて　つなげる」という学習プロセスは，**読解力**の「受信→思考→発信」というプロセスに依拠している。ただし，この「聴いて　考えて　つなげる」という学習プロセスは，プロセスをサイクルとして継続的な学習を行うことが重要であり，一度限りのサイクルを通しては，学力の育成を図ることはできない。

　そもそも学力は，指導が経年的・継続的に行われ続けなければ，その育成を図ることはできない。そして継続的に行っていくためには，「聴いて　考えて　つなげる」という学習プロセスの中で，一人一人の学習者に，以下に示す姿勢が求められる。

①相手の話に耳を傾け，集中して理解すること
②相手と意見を比べたり修正したりしながら，自分で考えること
③自分の考えと理由をはっきりさせて発表し，話し合いをつなげて　発展させること

　ここには，学校教育法で求めている学力としての「思考力，判断力，表現力等」や「主体的に学習に取り組む態度（学習意欲）」の育成が含まれている。

　この「聴いて　考えて　つなげる」授業は，各教科等における指導（学習）内容を直接的に育成するものではない。各教科等における授業を行うための基盤となる，支持的風土のある教室づくりである。そして，この教室づくりが，授業づくりにつながる。したがって，「聴いて　考えて　つなげる」授業では，以下の３つの留意点が重要となる。

①一人一人を大切にする学級
②何でも言える雰囲気のある学級

③お互いの考えを認め合える学級

①の「一人一人を大切にする学級」は、当たりまえのことだが、これを授業の中で、具体化することが重要である。詳しい授業づくりについては後述するが、お題目のような「一人一人を大切にする」ではなく、授業として「一人一人を大切にする」には、例えば、「一人学び」を学習過程の初めに位置付け、そこで一人一人の学習者の個別指導を行うこと等、どのような具体を行えばよいのかを、それぞれの学校全体で共有化した上で指導できるよう、**チーム**としての学校体制を整えたい。

②の「何でも言える雰囲気のある学級」では、基本的に「教室は間違うところだ」という考え方を、学習者のすべてが持つような教室づくりを行いたい。授業において間違えることは、次へのステップとなる。初めから何かができたり、すべてがうまく行ったりすることなどないことを学習することは、多様な価値を自分で判断する学力の育成につながる。

学校教育では、間違うことの中で成長することは多くある。失敗や間違えを乗り越えることも大切であり、そのような多様な体験や経験をする場も学校である。

だからこそ、教室では「何でも言える」ことが重要である。「あたたかな聴き方」「やさしい話し方」によって、教室づくりや授業づくりを行い、「何でも言える雰囲気」の中で、他者を受容し、自己を確認する能力の育成を図りたい。

③の「お互いの考えを認め合える学級」は、基本となるのは、お互いの考えを、まず、肯定することを学ぶことである。これは「あたたかな聴き方」によって支えられるものであり、そのために、「やさしい話し方」が求められる。ここで大切なのは「お互い」ということである。このような学級では、自分以外の他者を尊重することが、回り回って、自分も他者に尊重されるという結果に繋がっていく。自分だけを主張するのではなく、集団の中で自己相対化し、集団の中での自己を生かすことのできる学力を身に付けることが大切である。

3 授業改革することの意味

(1)「分からない」「困った」ことを大切にする授業

　「学ぶ」とは，授業を通して知識を習得するとともに，それらを活用して思考したり，判断したり，表現したりすることである。学ぶこと（学習）を通して，「知らなかったこと」や「分からないこと」を「知ったり」「分かったり」することであるとも言えよう。

　ただし，この「分かる」ということは，授業の内容やレベルを下げて，「分かる」ようにすることではない。例えば，高等学校で学力が身に付いていない生徒に対して，小学校の学習内容を対象として授業を行い，そこで，その内容が理解されても，それは「分かる」ということの本質にはならない。

　「分かる」ということは，学習者が主体的に学習に取り組むことができるような知的好奇心や知的興味を喚起できる学習状況を創る中で，学習者が学習のハードルを越えることにより，学ぶことの喜びを実感することである。この学習者が何とか自分自身の力で超えることのできるハードルを設定することが，指導の目標であり，その対象となる学習内容を決定するのが教材研究である。

　子どもにもプライドがある。授業の初めから「分からない」ことを教室の中で言いにくい場合もある。そこで，「分からないことや，今，自分が困っていること」を恥ずかしがらずに発表できるような学級の雰囲気や，それらについて他の学習者も一緒になって考えていくような教室風土を創ることが重要となる。

　「分からない」ことや「困った」ことについて，教室というコミュニティーでの交流を通し，思考したり判断したり表現したりしていく中

で学力が育成される。

(2) 授業を通して学力を育成する

　今日，育成すべき学力に対しての大きな課題の一つは，国際的な学力調査であるPISAやTIMSSの結果にも表れている通り，学力の二極化である。この学力の二極化は，学習意欲の二極化でもある。

　なぜ，このような状況となったのか，と言えば，小学校での授業が低学年から理解されないまま，それを高学年まで持ち越し，さらに中学校での授業で，より一層分からなくなる，という構造の中に問題がある。

　この問題を解決するには，小学校低学年において，分からないことをできるだけなくすことにつきる。そのためには，これまでの授業からの転換を図らなくてはならない。

　繰り返しになるが，これまでの授業においては，「分かる」ということ，「答えが合う」ということが重視されてきた。それは，これまでの授業においては，肯定されることでもある。

　例えば，授業中に教師が赤ペンを持って机間指導をして，一人一人の学習者のノートに書かれた解答に丸を付ける，ということがこれまで多く行われてきている。これまでは，このような指導は，一人一人の学習者を丁寧に見取っている，ということで評価されてきた。しかし，この，正答に丸を付けるという教師の行為は，学習者の思考をその段階で停止させてしまうという恐れがないとは言えない。今日求められている学力は，「思考力・判断力・表現力」であり，正答が一つでない場合も少なくない。また，同じ解答であっても，その解答に行きつくための方法や考え方がさまざまに存在する場合もある。一つだけの解答を求めるのではなく，多様な見方や考え方を育成するためには，あえて丸を付けないことも，重要となる。このように，これまで丁寧な指導と思われていたことも，視点を変えてみると，今日求められる学力の育成を妨げることになっている場合もある。

　そのためには，一つの正解を求め，それが見つかったら終わりとす

る授業からの脱皮が必要である。

　学習者が「分からない」ことには，必ず何らかの理由がある。その「分からない」ということの根源を，授業の中で，その授業を構成するクラス全員で考えていくことが授業の本質である。また，「分からない」を大切にすることは，「分からない」ことを表出した学習者にも，自己肯定感をもたせることになる。

　さらに，一部児童生徒の「分からない」を皆で考えることは，既に「分かった」と思っている学習者に対しても，その理解の度合いを「再構成し，吟味し，意味付ける（リフレクション）」ことにつながる。

　このような誰かの「分からない」を解決するプロセスがある授業は，その学習を通して学習者が，その学習内容をなぜ学ぶのか，という学習の意味を理解することにもなる。ここに学力の向上がある。

　学習者が「分かる」ということに向けて，何を，どのようにしたら「分かるようになる」のかを追究するためには，学習の目標を明確にするとともに，学習者が学習する内容を自覚することが大切である。そのことによって学力が育成される。

(3) 授業を通した生徒指導の重要性

　この学習者が「分かる」ということを基軸にした授業は，生徒指導にも機能する。特に，不登校や生徒指導困難な学校においては，この「聴いて 考えて つなげる」授業を行うことで，改善した学校が多くある。

　なぜなら，この「聴いて 考えて つなげる」授業を行うことで，学校や教室，授業における一人一人の児童生徒の居場所が創られるとともに，他者の理解に基づいて児童生徒がお互いに共感し合い，学校や教室でのコミュニケーションが充実するからである。

　不登校の児童生徒は，学校での授業を受ける時間が少なく，学校に行っても授業内容が分からず，授業についていけないことがある。しかし，「分からない」ことから始まる授業では，不登校の児童生徒の「分からない」という問いによって，授業を行うこともでき，児童生

145

徒の居場所が，学校に創られることになる。また，友だちと学び合うことの楽しさを自覚すると，不登校でなくなることも多くある。

　さらに，生徒指導で荒れている学校では，その原因を探ってみると，授業が分からない，つまらない，ということに根本的な問題が内在している場合も多い。しかも，その単元の授業が分からないというような短期的な原因ではなく，長期にわたって学校での授業が分からなく，それが蓄積されている場合が多い。だからこそ，学年が上がるにしたがって根が深くなる。しかし，授業が分からなくても，学校に来ている児童生徒に対しては，少しでも授業内容が分かるようになれば，「分かる」ことの喜びを得させることができる。この喜びが重要で，その喜びを得させる授業改革を図りたい。

　教師は，高度な専門職である。授業内容が「分からない」学習者に，いかに「分からせる」かが，問われている。それは，知識の伝達を図るような教師主導の授業からは生まれてこない。「分からない」学習者は，教室や授業というコミュニティーの中で，自己の存在が他者に認められたり，自己実現できていると実感できたりする能動的な学習が成立したときに，授業に参加するようになる。

　このような環境を作るのは，教師の職務である。

(4) 指導と評価の一体化が図られた授業を創る

　学習者が学習に意欲的に取り組むのは，その学習に対して，目的意識を持ち，どのようなプロセスで学ぶのか，また，どのようにしたらその問題が解決するのか，という見通しと展望，その解決の方向を自覚している時である。

　そのためには，その対象となる学習の全体像（単元全体）の学習の進め方とその方法，さらにどのように評価するのか，といった学習内容を示すと同時に，その学習の各段階における実現状況と，そこにおける評価内容，さらに，評価方法も示しておくことが重要である。

　このことは，学習する単元全体を俯瞰し，学習の終了時には，どのような学力が育成されるのか，という**見通し**を学習者に持たせること

である。それを整理すると，以下のようになる。

> ①学習（単元）全体で，どのような学力の育成をするかを示す。その単元での学習する目標，付けたい力を，学習者に示す。
> ②学習者に，何を評価されるのかを事前に示す。その学習での観点別学習状況の実現状況をあらわした評価内容を具体的に示す。
> ③学習者に，その単元の各時間ごとの学習内容と学習の方法とを示す。学習者に，どのように学習すればよいかの具体を示す。
> ④学習者に，その単元の各時間ごとの評価項目と評価内容，評価方法とを示す。評価項目に対して，どのような手続き，手順，方法で評価されるのか，その内容と方法とを示しておく。
> ⑤指導者が評価した内容を学習者に示し，もし，学習者が学習する目標を実現していない場合には，学び直しを行い，その単元で身に付けなければならない学力を，身に付けるよう，学習を繰り返す。ただし，この学び直しは，観点別学習状況の評価としてのBを実現できていない学習者に限る。（Cと評価した学習者には，Bに実現するための具体的な手だてを示さなくてはならない。）

　これまで，評価というと，学習後に行うことが多かった。また，例えばペーパーテストにおいては，事前に何が出題されるのかが分からず，何を学習しておけばよいのかが分からないまま評価されていた，という面がなきにしもあらずであった。

　これでは，評価が学力の向上や指導の改善に活用されにくい。これからは，学習者に授業全体の見通しを持たせ，どこでどのような内容を学習し，どのような評価が行われるのかを，先に示しておくことが重要である。学習計画とともに評価計画も学習者に事前に示しておき，どこで，何を，どのように評価されるのかを，学習者自身が知り，見通しを持った上で，授業を受けることにより，指導者がその授業で育成したい学力を，学習者が正面から受け止め，その学習に取り組む状況を作り出すことになる。

　言い換えれば，学習の着地点や到達点を明確にし，さらに，その学習のプロセスとそこにおける評価内容を開示することにより，学習者

がより目標と目的とを持って，授業に参加しやすい状況を作り出すことが求められる。

これまでのように，何を評価するのかを隠した「評価の闇討ち」をやめ，学習者にとっても，何を評価されるのかが分かった上で，授業に取り組むことにより，**指導と評価の一体化**が図られる。

(5) 学習内容と評価計画の示し方

学習者に，学習内容と，その内容にともなった評価計画を伝えるためには，学習者用に単元計画を作成するとよい。

単元の指導計画と評価計画については，どの指導者も作成していると考えられるが，それを学習者が分かるような平易なことばで言い換えたものが，**学習者用の単元計画**である。

その計画を示す順は，以下のようになる。

> ①その単元で，育成すべき学力は何か。(付けたい力)
> ②単元全体の目標は何か。(単元目標の設定)
> ③その単元全体を何時間で行うのか。(単元計画の作成)
> ④単元全体の観点別の評価規準は何か。(観点別学習状況の評価の設定)
> ⑤各時間ごとの学習活動の割り振り。(単元の学習活動計画)
> ⑥各時間における評価方法と評価内容は何か。(評価方法と評価内容の決定)

この学習計画を，一枚の表として作成しておく。それを，単元（学習のまとまり）ごとに，例えば，その単元の始まりに学習者がノートに一覧表として貼っておくと，単元全体を通してどのような学習が展開するかの見通しを，学習者は持つことができる。

さらに，この一覧表を基に，一人一人の学習者の評価シートを単元ごとに作っておき，それをポートフォリオとして蓄積しておくと，あるまとまりで評価を行う際の，基礎資料となる。このような資料があれば，評価を学習者に示す時に有効なエビデンス (evidence) ともなる。

4 「聴いて 考えて つなげる」授業の実践事例

(1) 小学校における子どもたちの現状

　共同で研究をしている静岡県浜松市の小学校では，子どもたちの実態を，次のように把握している。平成24年（2012年）度のものである。子どもたちの実態を考えたとき，学年共通のこととして，以下の4点の現状があげられている。

- 1点めは，自信を持って発表できないこと。一問一答式であれば挙手も多いが，考えたことを発言することや説明する場面になると，発言が少なくなってしまう。
- 2点めは，授業における参加意識にばらつきがあること。発言する子にまかせてしまったり，発言している子に無関心など，参加意識の低い子がいる。
- 3点めは，言葉遣いがきつい。友だちに自分の思いを伝えるときに，伝え方を考えて伝えればトラブルにもならないのに，言葉がきついことでトラブルになってしまうことがある。

　この学校では，このような児童の実態を考えたときに，話を聴く側の姿勢を育てることと話し手の話し方を育てていくことが必要であると考え，そこで「あたたかな聴き方」「やさしい話し方」の2つの視点を大切にして，各学年で指導していくことを確認した。

- 4点めとして，答えを教師に求めてくる子が多いことがあげられた。つまり，自分で考えて行動をおこすのでなく，教師の許可と教師の権威に頼ってしまう子が多いことが問題になった。

この小学校だけでなく，どの小学校においても，子どもたちの実態は，このような傾向にあると考えられる。

この小学校では，「あたたかな聴き方」「やさしい話し方」をベースにして研究を進めていく上で，実際の具体の子どもの姿として，どのような子どもの育成を目指したらよいのか，その目指す姿を，次のように考えた。

- ◆友だちの思いや伝えたいことを分かろうとする子
- ◆自分で考えて，さらに自分の考えを広げることができる子
- ◆考えたことや広げられた考えをクラスの友だちに返せる子

このような姿を育成するために，その授業の具体として「聴いて 考えて つなげる」授業を，構想した。

(2) これまでの取り組み

この小学校では，授業の主人公は子どもであるとの考え方から，子どもたち全員で授業を創り上げることを行おうとしている。さらに，学校という集団で学ぶことによる子ども同士の相互の関係の充実を図ることも重視している。また，そのことを通して，授業内容としての教科の質を保障することを，学校全体で考えている。

そのために，以下のようなことを重視している。

●聴く力の育成

「聴いて 考えて つなげる」授業の最も重要なこと，重点課題は，「聴く」ことにある。そこで「あたたかな聴き方」で，どのように他者の話を聴いているのか，という，「聴き方」の質を問うことを行っている。

「聴く」という活動は，本来，受動的なものであるが，この「聴いて 考えて つなげる」授業での「聴く」は，受信としてのものはもとより，「聴こうとして聴く」というような**能動的**な聴き方が行える児童生徒の育成を目指している。

そのためには，次のようなことが重要になってくる。

①教師が，しゃべりすぎないようにする。

　教師がしゃべると，子どもの話す時間が減る。知識の伝達であれば教師が説明することも大切だが，子どもたちに自分たちの考えを持たせるためには，子どもたち自身が自分のことばで，自分の考えを説明できるようになることが大切である。それが，これからの時代が求める学力としての思考力・判断力・表現力の育成につながる。教師がしゃべると，子どもは，教師が正解を言うのを待つようになる。

②教師が，子どもの発言を繰り返したり言い換えたりしないようにする。

③友だちの発言や考えを復唱させる。

　友だちの発言を聴いていないと，授業に参加できない風土を作る。

④友だちが何を言ったのかきちんと聴いて，自分のことばに言い換えて言わせる。

　友だちの発言を聴いて，自分なりに理解したりしたことを発信する。友だちの発言の中にある考えや思いに，寄り添う姿を価値付ける。

⑤友だちのよい発言や考え方を子ども同士が認め合った時，それを的確に取り上げ，教師が価値付ける。

　子どもたちに「聴くこと」は「学ぶこと」という価値付けをしていくために，「聴いて」よかったと実感できる場面を，単元の展開や各時間の授業の中に，意図的に設定する。

◆分かったと思えるような授業展開。
◆友だちの考えによって，自分の考えが広がる授業展開。
◆友だちの考えと自分の考えをつなげる事を意識して聴くことを促す。

　友だちの発言を聴いて，理解できたり，考えが広がったり，疑問を感じたりした子の思いを，教師は捉えて褒めて，全体へ返していく。

　教師は，子どもたちの「聴き方」をよく見て，聴き方が十分でない場合は，「あたたかな聴き方」についての価値付けに戻って，その意

味を子どもたちに繰り返し指導している。教師が一回言っただけで，子どもたちはできるようにはならない。この指導は，小学校低学年において，徹底して行うことが重要で，その指導を充分に行っておくと，学年が上がるにしたがって「聴くこと」ができるようになる。

さらに，中学年以上では，話し合いの場面で主体的に「聴く」意欲を持てるよう，自分の考えを書く時間を確保し，プリントに書き込ませることより，ノートづくりを重視している。

●考える力の育成

これからの時代が求める学力として思考力・判断力・表現力があることは，これまでにも述べてきた。この小学校では，この学力を育成するために，「教育活動全体において，答えを言わずに，子どもたちに考えさせるようにする。」ことを行っている。

そのために行っている教師の具体は，次の内容である。

> ◆子ども同士の関わり合いや活動の中で，子どもたちが自主的に考え，"正しい"と思うことは自分たちで行動するように働きかけている。
> ◆何を考えたらいいのか，授業の課題を明確にする。

これらを実現するために，教師として次のような配慮を行っている。

> ①教師が，授業を終えた時の児童の姿を具体的に持つ。
> ②授業中，児童が考える課題を明確に示す。

このことを行うために，教師として授業の中で，自分の考えを1つ持たせるようにすることを行っている。このことは，一人一人の子どもが，それぞれ自分の考えを持つことで，集団で考えを練り上げる際に参加意欲が高まり，それが考える力の育成につながる，と考えているからである。

また，この小学校では，例えば，算数の時間中，丸をつけるために教師の所に並ばせたりすることはない。また，教師が机間指導の中で，子どもたちのノートを見て丸を付けることもしない。このように丸を

付けてしまうと，そこから先，自分の力で考えようとすることを放棄してしまうので，教師が正当かどうかの判断をするのではなく（権威として丸を付けるのではなく），あくまで自分で，解答を考えさせている。

さらに，授業中の子ども同士の関わりの中で，友だちの考えを自分の考えと比べながら聴くことを通して，友だちの考え方やよい意見を聴き自身の考えを広げられるようにする指導も，場面を捉えて行っている。そして，友だちの意見を聴き，広がった考えを書かせることも行っている。

この友だちとの関わりの中で，拡充・深化した子ども自身の考え方を，さらに，**リフレクション**という学習活動を通して，メタ認知を図っている。このリフレクションは，単に振り返ることではなく，「自分の学びを跡付けし，再構成して吟味して意味付ける」という学習行為である。

●つなげる力の育成

「つなげる」という学習は，単に友だちの発言を受けて，つなげる，ということだけではない。友だちの話を聴いて，考えたことを自分の中で再構成し，それを他者に分かるように表現することである。考えたことを自分の中で再構成する，ということは，友だちの発言を受けて考えたことを自分の考えたことと比較したり，さらに考えを広げたり深めたりした自分の考えを付け足すことである。それを表現することは，友だちの発言を価値付けたり，自分の発言を評価されたりすることにもなる。教室の中での他者からの評価は，集団の中での個の存在に自信を植え付けることにもなり，よりよい集団づくりにもなる。

そのためには，発言した子どもが「話してよかった」と思える場面を設定することが，重要である。ここに，コミュニケーションが機能する。

そのための教師の役割は，次のものになる。

> ①発言を聴いている子どもたちから「なるほど」とか「分かった」等の反応を通して，話している子どもに価値付けをする。
> ②自分の考えが，友だちに分かってもらえるように話をしているか，の確認をする。
> ③話すことによって，自分の思考が十分でないところを意識させたり，思考を整理させたりする。

　また，発言者には，発言や発表する際に，教師の方を見て発言や発表をするのではなく，聴いている友だちの方を見て発表するように心がけさせる。発表している子どもが教師の方を見ていて，それを教師がうなずきながら聴いているようだと，周りの他の子どもたちが全く聴いていない，というような場合がないとは言えない。「つなげる」というとき，誰に向かって話すのかは，重要である。

●人間関係づくりの授業

　「聴いて　考えて　つなげる」授業は，単に，学習方法としてのスキルを学ぶものではないが，この授業を行うに当たっては，授業における「学び方」の約束事を，クラスや学年，学校で共有する必要がある。できれば，学校全体で，小学校なら1年生から6年生まで，中学校なら3年間を通したこの「学び方」を児童生徒が共有することが望ましい。クラスや学年が変わるたびに学び方が変わってしまっては，児童生徒は混乱してしまう。

　この「聴いて　考えて　つなげる」授業は，その基盤となるのは，「あたたかな聴き方」「やさしい話し方」の小学校6年間，中学校3年間を通した継続的な指導である。小学校の低学年の内から，他の人の発言を肯定的に聴き，聴いたことを思考し判断したことを，教室の友だちとともに考え，その考えを広げたり深めたりすることで，学ぶことのおもしろさ，楽しさを実感することのできる教室づくりが求められる。

　教室の中の他者に対する信頼感，安心していろいろなことを発言，それを聞いてくれる他者のいる授業，それは，まさに人間関係に支えられた教室でしか行うことのできない授業である。

(3)「聴いて 考えて つなげる」授業の成果と課題

　　　この小学校がまとめている成果と課題を以下に示す。

●成果1「聴く力が高まった」

1) 「○○さんの言いたいことは……」と友だちの考えを分かりやすく説明しようとする姿がみられるようになった。
2) 友だちの発言を聴いて,「分からない」言葉や内容について,素通りしてしまうのではなく,「どういうことかよく分からないので,分かる人教えてください。」という言葉を自主的に発言できるようになってきた。(数人)
3) 「○○さんの付け足しで……」「○○さんは,こう言っていたけど……」などのように友だちの発言を受けて発言できるようになってきた。
4) 友だちの発言を受けて自分の考えが広げられたことを書けるようになってきた。
主体的に話すことができるようになった。
5) 発言する時に,話を聴こうとしているかどうか友だちの様子を見てから話をしようとする姿が見られるようになった。
6) グループ学習の中で,全員が話題や目的を理解して話し合いに参加し,分からない児童に対しては,やさしい声かけができるようになってきた。

●成果2「書く力が高まった」

1) 児童のノートに,自分の考えに参考になった友だちの名前を入れるなど,自ら学ぶことができるようになった。
2) 一人学び(自力解決)の際に,ノートに自分の考えを書くことができるようになった。算数の場合は,すべて書くことができるきなくても,分かるところまで書こうとすることができるようになった。
3) 一人学び(自力解決)時に分からない問題に対して,どこが分から

ないのか，分からない理由を文章化して表すことができるようになってきた。（数人）

●成果3「主体的に行動するようになった」
1) 学年朝会など，自分たちで運営ができるようになってきた。
2) 朝の会，授業など，教師不在の際に自分たちで考えて動けるようになってきた。
3) 学級会など自分たちで運営できるようになってきた。
4) 教師の働きかけによって，友だちの考えを聴いて自分の考えとつなげて発信する姿が見られるようになってきている。
5) 良好な人間関係が築かれてきている。
6) 発言が苦手な友だちに対して，「大丈夫だよ」「こう言えばいいよ。」などの優しいアドバイスをして，時間がかかっても話し始めるまで待ってくれる姿をみせている。
7) 発言が苦手な友だちに対して，頑張ったことをみんなで拍手するなどの温かい姿をみせている。

●課題
①子どもが主体的に発言することができるようになった一方，自分の強い思いを強い口調で伝えてしまう事もある。
　　そのための解決策は，「やさしい聴き方」「あたたかい話し方」を根気強く，継続指導する必要がある。
②聴いて考えたことを，自信を持って発表できない子どもがいる。
　　そのための解決策は，書いたことやリフレクションとして書いたことを価値付けし，子どもに返していく。（全体の場で話すことだけが発信ではない。少人数のグループやノートに書くことも"発信する"と捉えて評価したい。）
③友だちの発言を聴いて，「分からない」言葉や内容について，素通りしてしまうのではなく，「どういうことかよく分からないので，分かる人教えてください。」という言葉を，教室の中で安心して，皆が自主的に発言できるようにしていきたい。

④一人学び（自力解決）の時に，分からない問題に対して，どこが分からないのか，分からないところを指摘させ，分からない理由を文章化して表すことができるようにしていきたい。

　ここまで，小学校での実践事例を基に，「聴いて　考えて　つなげる」授業について述べてきたが，ここに示している内容は，中学校でも行うことが重要である。
　ある大阪市の中学校では，「学び方のカリキュラム」で，中学校1年生に「話す人の方を向いて，話を聴く」ことをあげている。本来ならば，小学校でこのことが育成されていれば，中学校では，さらに次の段階の指導ができる。しかし，小中の指導が接続（連携）されていない場合には，中学校で「聴くこと」の初歩的なことの指導を行わなければならなくなる。
　ここに，小中接続（連携）をした指導の重要性の典型がある。

5 ▼ 「聴いて 考えて つなげる」授業のポイント

(1) リテラシー(Literacy)を育てる授業

　リテラシー(Literacy)は,「読み書き能力」と訳されることが多いが,OECDが言うところのリテラシーは,簡単にいってしまうと「考える」ことを行う能力であることは,先にも述べた。言い換えるならば,今,「考える」という学力が,先進諸国で求められている学力でもある。

　日本の学校教育で,次代を担う児童生徒の育成を図るため,今日求められているのは,このリテラシーの能力を学校教育の中で育成することである。「生涯にわたり学習する基盤が培われるよう」(学校教育法30条2項)とあるように,生涯にわたっての基盤となるリテラシーの育成が,学校教育に求められている。

　では,このようなリテラシー能力を育成するするためには,どのようなことを学校教育の中で行わなければならないのかについて,以下,「聴いて 考えて つなげる」授業について具体に述べていく。

(2) 教室というコミュニティーの確立

　子どもたちがこれからの時代を生きていく時に必要な学力として,コミュニケーションを行う能力が求められる。しかし,コミュニケーション能力とひとまとめに言ってしまうと,コミュニケーション能力が,どのような構成要素によって成り立っているのかを証明するのは,難しい。ここでは,コミュニケーションを,学習活動とすることによって,学校教育における各教科等が求める学力を育成するためのツールの一つと位置付ける。

子どもたちが学ぶ教室は，自分以外の他者が存在する場所であり，関わりの中で学ぶということが，学校で学ぶことの重要な意味でもある。したがって，教室で学ぶということは，他者との関わりと学びの文脈を，1年間という時間の中で共有することである。

　教室で学ぶときには，そこには他者としての友だちとの関係が常に存在する。そのため，そこに社会性も存在しているということができる。だからこそ，友だちの発表に対して，自分なりに反応し，反応を返すことに意味があり，その関係性の中で，教育という営みが行われるのである。

　他の人の発言を「聴かない」で，自分のことのみ「話す」ことは，このコミュニケーションの成立を妨げることとなる。このコミュニケーションの関係性を保証するものは，まず，他者の発言を聴くことから始まる。

　コミュニケーションとしての学習活動である「聴いて 考えて つなげる」授業は，単なる話し合いの授業ではない。小学校6年間，中学校3年間をかけて，学習指導要領で示す評価規準を具体的な学力とし，その育成を図るための学び方を自覚的に身に付けさせるための授業である。小学校6年間，中学校3年間を通して，チームとしての学校が「学び方」の系統に沿った学習方法を一人一人の児童生徒に身に付けさせることによって，始めて「聴いて 考えて つなげる」授業を行えるようになる。

　それは，教室というコミュニティーの中での，学び方の文脈を獲得する汎用的学力育成のための授業づくりでもある。

(3) 小学校1年生での教育の重要性

●小学校1年生の授業の現状

　日本の学校教育は，その始めの年が小学校1年生である。この小学校1年生での教育の在り方を，ここでは再考したい。

　小学校1年生を多く担任されているベテランの先生にお伺いすると，最近の1年生は，人に向かって話をすることにあまり抵抗感がなくな

ってきているとのことであった。また，話すことが得意になってきている，という話も伺った。実際の小学校1年生の教室を参観すると，先生に向かって「はい，はい」と大きな声で発言を求める子どもたちも多くいる。

　このことは，逆に，人の話を聴かずに，自分さえ発言できればいい，というような状況を生み出す危険性を有している。また，聴かせることが難しい時代になってきている，という話を伺うことも多い。子どもたちが，教室というコミュニティーを形成しているということに気付かずにいるとも言えよう。

　コミュニケーションとしての活動の基礎・基本は，まず，人の話を聴くことから始まる。小学校の入門期指導でも同様で，「話す人の方を向いて，分かろうとしながら聴く」「そのときに，自分が何か言いたくても，人の話は最後まで聴く」ということを「しつけ」として教えなくてはならない。

　1年生の授業を参観していると，子どもたちが，自分の考えを次々と発言している教室がある。先生は，発言する子どもの方を向き，笑顔で子どもの話を肯定し，うなずきながら話をしている。一人一人の子どもを尊重し，肯定しながら子どもの話を聴く教師の姿が，そこにはある。そのことを否定するつもりはない。

　このように，発言する子どもが先生の方を向き，また教師も話し手である一人の子どもと向き合っているとき，子どもと教師という，二人の世界が作られている。その時，他の子どもたちはどうしているであろうか。二人のやりとりを聴いている子どももいるが，一方，まったく聴いていない子どももいるのではないだろうか。

　このようなこれまでの教室での教師と子どもとのやりとりでは，これからの時代が求めるコミュニケーションという学習活動を通した学力の育成を図ることはできない。それは，教室がコミュニティーとして機能せず，個人としての一人一人の子どもが教師に向かって，自分が考える答えや考えを述べているに過ぎないからである。そこにも，他者との関わりは，偶然性の中に存在するかもしれないが，それが学力の向上を思考した意図的なものとはなっていない。

5 「聴いて 考えて つなげる」授業のポイント

　学校教育における授業は，意図的かつ計画的でなければならない。児童生徒一人一人に，教室での他者との関わりという学習行為を通して，学習者に学力を育成するということもまた，意図的・計画的に行われねばならない。

●しつけとしての「聴く」こと

　春，3月，新しくランドセルを買ってもらい，4月から小学校に入学する新1年生に「学校に入学したら，何をするの？」と聞けば，多くの子どもたちが「お勉強」と答える。そのお勉強とは「人の話をきちんと聴くこと」である，ということを徹底的に教えることが重要である。そして，教室の他の学習者に関係なく，自分の言いたいことを自分だけ発言すればいい，というような教室風土を作らないようにしたい。そのためには，しつけとしての「聴くこと」を繰り返し指導することになる。

　しつけとしての「聴くこと」の指導の徹底は，1年生としての静かな教室づくりにつながる。「聴く」ということは，授業に向き合う構えの育成でもあり，その構えを習慣化することが，小学校1年生という時期には，重要になる。このことが，その後続く学校生活の中で，学習の基盤となる習慣を身に付けさせることになる。

　「聴く」という習慣が身に付くと，しっとりと落ち着いた雰囲気の教室づくり（聴くときは「聴く」）が可能となる。このことは，教室の中での「聴く」ことの徹底でだけでなく，教室移動時にも，廊下に出たときにも，集会のときにでも，黙って静かに行動するようになる。しかし，これも，一朝一夕にできることではなく，できるまで何度でも繰り返したり，やり直したりして徹底させることが求められる。

　この「聴く」を授業の中で指導するときには，次の3つの「聴き方」を指導し，身に付けさせることも必要となる。

1) 人の話は，発言を最後まで（区切りまで）黙って聴く

　このことは，他の人が話をしているときに，それを遮って自分の意見を言わせないことでもある。相手の話を最後まで聴くことは，それ

161

を基に自分の考えを広げたり，深めたりすることによって，思考力や判断力を育成することになる。

　黙って人の話を最後まで聴くことを習慣化することが，その後の学習指導の基盤となる。

2) 聴いているかを確かめるには，「復唱」させる

　子どもたちに聴くことができるようにさせるために教師が繰り返して説教しても，子どもたちは，「聴くこと」を自分事と意識しない場合もある。教室で，他の人が話をしているときは，しっかりと「聴くこと」を，小学校1年生から徹底して身に付けさせたい。そのためには，聴いていないとその場にいられない状況を創ることである。それには，他の子どもの発言を聴いていなければ，指名され「復唱」されられるということを，子どもたちに意識付けておくことも必要である。

　「復唱」できる，ということは，他者の話の内容を聴いていることでもある。

3) 他の子の発言を「聴いて」の反応の仕方を教える

　他の子の発言を聞いているかどうかは，他の子の発言に対して反応を返しているかどうかでも見ることができる。反応を返せる，ということは，聴いている証拠である。

　ところで，この反応の返し方が，問題となる。「いいで〜す」とか，「同じで〜す」と声を揃えて反応している学級は多い。しかし，みんなが同じ反応をするのではなく，話し手が話してよかったと感じるような，自分なりの仕方を工夫して反応することも，身に付けさせたい。この反応の仕方も，教えなくてはできるようにならない。

　例えば次のような反応の仕方を，仕込む必要がある。

> A：「ここに〇〇って書いてあるでしょ？」
> B：「うん，あるねぇ。」
> A：「そこを読んだら，□□□□と思ったんだけど，どう？」
> B：「あぁ，そうだね！　ぼくもそう思ったよ。」

●「付け足し」という発言

　小学校の授業に伺うと，他の子どもの発言について，「付け足し」といって，発言を求める子どもがいる。その「付け足し」の内容をよく聴くと，前の子が発言した内容と同じことを繰り返している場合がある。「付け足し」をしているのではなく，「繰り返している」だけである。教師は，ここで発言をしたいがための「付け足し」に対して指導をしなくてはならない。そのためには，教師が，子どもの発言をしっかりと聴くことが重要となる。

　教師は，「付け足し」が，本来の「付け足し」ではなく，自分の意見を聴いてほしいがための，単なる自己主張になってはいないか，注意しなくてはならない。「付け足し」そのものが，悪いのではない。他者の話をきちんと最後まで聴き，自分の意見や考えを持って，前の人の発言に対して，足らなかったり補った方がいい内容があれば，「付け足し」の発言をすることの意味はある。

　この「付け足し」ができるようにするには，4月の入学の時点から，常に，前に言った子どもの発言を「復唱」させながら，その内容を聴き分けさせ，「付け足し」が必要かどうかを，常に意識させながら聞かせることから指導を行う。これを毎日毎日，繰り返して指導する中で，時期を重ねる中で（10月から11月頃になると），自分と友だちの話を聴き分けることができるようになる。

　できれば，幼稚園や保育園という就学前教育の中でも「聴くこと」の意義を理解し，その育成を図ることが必要である。

(4)「聴いて 考えて つなげる」授業における「聴くこと」の意味

●なぜ，「聴くこと」が重要なのか

　「聴いて 考えて つなげる」授業の根幹は，「聴くこと」である。この「聴くこと」には，子どもが意志を持って学ぶ教室づくりが，重要な意味を持つ。

　子ども主体，ということばは，学校教育ではよく使われる。この「主

体」ということばには，「他に対して，自分の意志を持って働きかける」という意味があり，自分の意志の有無ということが問われている。子どもたちが意志を持って授業に参加し，授業を創っている教室が，学習主体が機能した教室と言えよう。

　教室での他者の発言を，自分の意志を持って働きかけながら能動的に，自覚して「聴くこと」が，すべての学習の基盤となる。それは，PISA 調査が求める読解力（Reading Literacy）における「受信」とも大きく関わっている。

　「受信」することがあって，その「受信」から「思考」が行われる。初めから物事を「思考」することなどできない。「思考」したり，「思考」を促したりすることは，まず，「受信」があって成立する。だからこそ「受信」が重要であり，その具体的行為としての「聴くこと」が重要なのである。

●「聴く」という学習活動の指導

　「聴くこと」を学習者に身に付けさせるには，そこでの教師の指導が重要となる。特に，これまでの知識伝達を目的とした授業では，ともすると教師が講義をしたり，説明をしたりすることが多く，そこでは教師の発言時間が多く取られ，学習者は受動的であった。

　学習者に「思考・判断・表現」を行わせるには，教師は，教師の授業における出番をできるだけ控え，学習者が発言をしたり，説明をしたりする能動的な場面を多くすることが重要となる。だからこそ，逆に，教師は，いつ，どこで，どのように，出ていくのかが問われるのである。それゆえ，授業中に，学習者に学習の進行をゆだねる場面と，教師が指導する場面や教師の出番との違いの明確化を図る必要がある。

　この「聴いて　考えて　つなげる」授業は，学習者の「思考・判断・表現」の場や時間を保証するためのものであり，知識伝達型の授業のように，教師の一方的な講義や説明を中心とした授業の在り方そのものの問い直しでもある。それは，学習者と教師との，授業における関わり方を見つめ直すことでもある。

●「聴くこと」の指導の具体

　他の人の発言を「聴かない」で，自分のことのみ「話す」ことは，本来の話し合いの授業ではない。自分の話を聴いてもらいたいのなら，まず，相手の話を「あたたかな聴き方」で聴くことである。また，相手に聴いてほしいのなら，自分の話を「やさしい話し方」で話すことである。

　そのためには，まず，「聴く」ことを鍛えなければならない。そのためには，以下の3点に留意したい。

1) 聴いていない場合には，授業を止めてでも，聴くことを鍛える

　授業は，どうしてもその授業の目標である内容の理解を中心にして進行する。そこでは，学習者がその内容の説明をしたり，または，教師の説明によって授業が進められている。特に，コミュニケーションを取り入れている学習では，学習者同士の話し合う場面が多くなる。その時，その学習に参加しないことが分かるのは，「聴いていない」という学習者の姿からである。

　この「聴いていない」時の指導が重要となる。聴かないですませたり，聴かないでいることを流してしまうと，聴かないでもいいという教室風土を生み出すことになる。聴いていなければ，授業を受けていることにならないという，毅然とした指導を行うことが重要となる。

　「聴いている」か「聴いていない」かを判断するには，例えば次のような問いかけで確認することができる。

> 「～さんの言ったこと，もう一度言ってごらん」
> 「～さんは，どういうことを言っている？」
> 「～さんの言ったことをまとめて言うとどういう意味？」
> 「～さんの言っていることを，言い換えるとどう言える？」等

2) 教師が聴き上手になる（聴くと待つ）

　学習者の説明を上手にさせるには，学習者が説明をする場面を多く取り，何度も説明を繰り返させるしかない。一度で何かができるようになる学習者はいない。何度も失敗やうまくいかないことを繰り返し

ながら成長し，上手になっていく。しかるに，このような時間を，意図的改革的に年間の教育課程編成の中で位置付けておくことが求められる。

　この「聴いて　考えて　つなげる」授業の根幹は，「聴く」ことである。話し合いをするために行っている授業ではない。

　誰が一番の聴き手であるかと言えば，教室を構成する友だち（学習者）であるのは，言うまでもない。その一番の聴き手が聴いているのか，聴いていないのかを判断するのは，教師の役割でもある。だからこそ，先に「1）聴いていない場合には，授業を止めてでも，聴くことを鍛える」ことを述べた。

　さらに，学習者の発言をするのを，教師は「待つ」ことが重要となる。上手に答えられない子どもがいると，教師が子どもを助ける意味で，「あなたの言いたいことは，こういうこと」などと，発言をするが，それは答えを誘導していることに他ならないし，児童生徒が自分で考える力を削ぐものでしかない。それは，一見親切に見えるが，それを指導とは言わない。

　また，子どもの発言を教師が再度復唱することがある。児童生徒の発言は，一回限りとし，それを教師は絶対に繰り返してはならない。なぜなら，教師が児童生徒の発言を繰り返すと，児童生徒が聴きそびれたり，聴かなかったときに，教師がもう一度言ってくれるので，それを聴けばよい，という習慣になり，「聴くこと」に対する姿勢と厳しさとが保たれなくなってしまう。

　教師は，学習者の発言をよく聴きながら，それをきちんと他の学習者が聴いているのか，ということを「待つ」を通して確認するとともに，うまく表現できない学習者にも「待つ」ことを通して，根気強く表現する場面を創っていくことが求められる。

3）聴かざるを得ない「場」の創出をはかる

　児童生徒に「聴くこと」の学力を育成するには，児童生徒が聴かなければ授業という場に参加できなくなるような「場」を作ることが求められる。

　これまでの知識伝達型の授業（受動的な授業）から，コミュニケー

ション活動が行われる授業（能動的な授業）への転換でもある。授業中に他の学習者の発言や意見，考えを聴いていないと，授業に参加して自分の考えを他の学習者に伝えられなくなることを，一人一人の学習者が自覚できるような学習状況を，教師の指導として作らなくてはならない。

そのためには，例えば，次のような具体がある。

◆ 聴いていそうもない子どもを意図的に指名することによって，友だちの発言内容をもう一度，「復唱」させる。
◆ 発言者にも，みんなが聴く態勢になったことを確認させてから発言させる。
◆ 教師は，聴いていない児童生徒がいる場合は「授業を止めて」，きちんと聴くことの指導をする。

●自己相対化のための「聴く」こと

「聴く」ということは，自分の考えと他者の考えとを相対化するために行う行為である。相対化ができることにより，自分の考えや立場が明確になる。自分の意見や考えのみしか語ることのできない，自己主張しかできないような人は，社会生活を営むときに支障をきたす。コミュニケーションを行うことは，他者との関わりを持つことである。このコミュニケーションを行うことの能力の重要な位置に「聴く」ことがある。

このように社会生活を営むためにも，「聴く」ことを，学校教育の中で学ぶことが意味を持つ。社会生活と同じように，教室の中にも社会がある。この教室という中で，自己相対化をすることのできる学力としての「聴く」ことの育成を図りたい。そのためには，以下の3点が重要となる。

◆ 自分と友だちとの相違点や共通点に気付かせる。
◆ 他者と自分との違いを知ることによって，認め合うことの大切さに気付かせる。

◆ 自分自身のよさを，他者との相対化によって自覚させる。

　これらのことは，具体的な授業場面では，例えば「自分の意見と○○さんの意見とは，ここまでは同じなんだけど，ここからはちょっと違うんだよね。」というように，日常の授業の中で「聴く」ことを意識させつつ，その能力の育成を図らなくてはならない。

　そのためには，まず，学習者一人一人が，自分の立場を自覚することが重要である。そこで，学習の始めに「一人学び」（自力解決）の時間を設定し，自分の立場や考えをはっきりさせることが必要となる。

　授業においては「分からない」ことや「知らない」こと，「困っている」を学習者に意識させ，それらを教室の中で「聴き合う」ことを通して「分かった」「知った」「解決した」に変えていくことが大切であり，それが，学力を育成していくということである。

(5)「聴いて 考えて つなげる」授業における「考える」ことの意味

◉「考えて」という学習活動の意味

　「聴いて 考えて つなげる」授業での「考える」ことは，PISA型「読解力」における「受信→思考→発信」のプロセスの中での「思考」を行うことである。情報の「input」をもとに「intake」を行っていくこととも言えよう。

　これからの時代が求める授業では，知識の習得のみではなく，習得したことを活用して思考力，判断力，表現力を育成することが大きな課題となっている。そのためには，「input」された情報を，思考し，判断し，表現する，という行動に移さなくてはならない。

　「聴いて 考えて つなげる」授業のプロセスにおける「考えて」という学習活動を通して，思考力と判断力とを育成することが求められている。

● 「考える」ことの指導

　「考える」ことのためには，一人一人の学習者に「考える」場と時間が保障されていることが求められる。授業において教師が問いを出し，学習者に考える余裕を与えないままに，すぐに「分かる人」と手を挙げさせる授業では，思考力，判断力の育成を図ることは難しい。「分かる人」と手を挙げさせることにより，分かっていたり，知っていたりしている学習者のみが授業を進めることになってしまうからである。先にも述べたが，分からないことや知らないことを学ぶことに学校教育の意味があり，子どもたちは，分からないことやできなかったことが，分かったりできるようになるために，学校で学んでいるのである。

　そこで学習することの中核に，「考える」ことを位置付けることが重要となる。そのためには，これまでの授業観からの転換が，教師のみでなく学習者にも求められる。

　授業は，教師が知識や技能を教える場であるだけではなく，学習者が授業の中で「考える」ことを行う場となることが求められている。授業の中で，他の学習者とともに，授業というコミュニケーションを通して「考える」ことが重要である。それは，双方向性のある関係性が機能することの中で行われる。

● 「考える」ことの指導の具体

　一人一人の学習者が，始めにじっくりと「考える」ということを習慣化するためには，次のことが求められる。

|1| 自分なりに「一人学び」（自力解決）をする時間の保障をする

- とにかく黙って取り組ませる。
　どの学年でも年度当初から徹底させ，できなければできるようになるまで根気よく指導する。
- 「一人学び」の時間には，安易に友だち同士で教え合いをさせない。
　どこまで考えたかを，自分自身で認識する時間
　この「一人学び」の時間に，他の友だちに聞いてしまうと，考えていることがその段階で自己完結してしまい，全体への話し合いに

広がっていかない。

　自分の考えがなければ，他の人の考えと自分とを比較することはできない。
- 一人だけで学ぶことによって，どこまでが分かって，どこからが分からないのかなど，分かったこと，分からないことを自分自身で明確にする。

2) 書きながら考える時間の保障をする
- ノートに，自分の考えを記述させる。

　調べて分かること，一人で考えたいこと，みんなで考えたいことなどが分かるような工夫をして記述させる。例えば，一人で考えたいことは普通の鉛筆。みんなで考えたいことは青鉛筆，意見が変わったときは赤鉛筆等。

　また，ノート記述の際には，思考のプロセスが分かるような工夫をして書かせたり，その足跡が分かるようにするため，書いたものを消さないようにさせることも考えたい。特に，算数・数学の場合には，記述したものは，二重線等で修正して，前の考えが消えないように指導したい。
- この時間は，教師にとって個別指導の絶好のチャンスである。
- 一人一人の学習者の学びの状況や次展開における意図的に指名したい学習者を見つけたり，探し出しておくことも重要である。
- 考え方のずれに自分で気付き，修正することのできる学力を育成するため，自分の書いていることから，考え（思考や認識）を深めさせる。

　このような時には，教師が机間指導を通して，一人一人にアドバイスをすることも重要である。

3) どうしたら「考える」かについては具体的な指導をする
- 学習者の思考を促す問いを，教師が出す。

　どうする？　どうして？　なぜ？　わけは？　だから？　どうしたい？　どういうこと？　等のことばを，学習者に問いかける。
- 5〜10分の制限時間の中で，個人で考え，書く習慣を身に付けさせる。

低学年から，学校全体で，この一人学びの時間を取り，徹底的に指導し，書くことの抵抗感をなくす。
- 学習者には，思ったことは何でも書かせる。文章だけではなく，絵・図・記号でもよい。

　学習者が「分からない」場合は，何が分からないのか，何で分からないのか，どこまでなら分かりそうなのかを，一人一人に声がけをして引き出す。

- 机間指導によって，個別指導をする。

　例えば，赤ペンを使って，「みんなに広げたい，深めたい考え」にアンダーラインを付け励ます。また，「ここを発表してごらん」「ここは，もっと考えよう」「ほかの考え方はないかな」等の教師の指導を，色違いの付箋を付けることで，個別に評価する。

- このとき教師は，机間指導の時に座席表を持ち，一人一人の学習者の考えのポイント等をメモすることにより，全体学習の時に話し合いの方向付けや子どもの出番をつくるためなどに活用できる。メモは蓄積しておくと，思考力・判断力・表現力の評価に役立てることもできる。

(6)「聴いて 考えて つなげる」授業における「つなげる」ことの意味

　「聴いて 考えて つなげる」授業では，この「つなげる」は発信に当たる。それまでの「聴いて（input）」「考えて（intake）」という学習活動を経て，「つなげる（output）」つまり友だちに発信する活動となる。それまで学習者個人の学習活動であったものが，教室全体で思考や認識を深めていく活動へと転換されるのである。

●「つなげる」という学習活動の意味

　「つなげる」という学習活動においては，それまで行われてきた個人としての「聴くこと」や「考える」ことを基盤として，自分が考えたことを学級という他者のいる集団の中で発信する。そこでは，一人一

人の学習者に自己相対化を迫り，自己に対する認識と意識とを持たせることが重要となる。

　この自己相対化の視点を育成することは，今ある自分だけではなく，学年が上がったときの上の学年の自分を意識させることでもある。言い換えれば，「上の学年を意識して，今の学年を育てる」ことが教師にとって，大切にしたい姿勢である。「つなげる」という学習活動においては，短いスパンのものだけでなく，小学校6年間，中学校3年間を見通して，長いスパンの中で，児童生徒を育成することが求められる。

　「聴いて　考えて　つなげる」授業は，一つの学年だけで行っても，学年が変わってしまうとできなくなる。この授業は，学校全体での取り組み，さらに，3年以上かけて積み上げることによって，学習者と教師とがこの授業に慣れないと，行うことが難しい授業である。

　せっかく積み上げても，教師が指導の気を抜くとすぐにできなくなってしまう。作り上げるには時間がかかるが，うまくいかなくなることは極めて短期間で起こり得る。まさに，この「聴いて　考えて　つなげる」授業は，「築城三年，落城三日」ということばが当てはまる。

　簡単に崩さないためには，それぞれの学校において，「チーム〇〇小学校」・「チーム△△中学校」として，学校全体で取り組むことが求められる。この授業は，一つの学年のみで行えるものではなく，低学年からの「学び方」としての学習の指標や段階を設定し，各学年でそれぞれの「学び方」を学習者に習得させる必要がある。その「学び方」としての学習の指標や段階を習得していないと，実際の授業でそれを用いて学習を展開することはできない。

　「つなげる」ということは，学習活動としての「聴いて　考えて　つなげる」授業だけではない。この「聴いて　考えて　つなげる」授業の考え方や，そこでの学習者の「学び方」や学ぶ方法を具体的に時間を掛けて育成し，その集大成として，この「つなげる」という学習活動が成立する。

　したがって，「つなげる」は，単に，前の発言をつなげるのではなく，「考えたこと」「内容」をつなげることであり，そのことは，育成した

学力そのものを「つなげる」ことでもある。だからこそ，小学校低学年からの学習の文脈が働かなくては，この授業としての「聴いて 考えて つなげる」ことを行うことは，できない。

● 「つなげる」ことを意識した学習

「聴いて 考えて つなげる」授業の「つなげる」のねらいは，これまでに活動をしてきた「聴く」ことと「考える」こととを，深化させたり，発展させたり充実させたりすることにある。学習活動としては，それまでは個としての学びであったものが，教室の他者との関わりの中で，コミュニケーション活動として行われることに特徴がある。

そこで，次のようなことを意識しながら授業に臨むことが求められる。

1) 「つなげる」意識を持たせる

この「つなげる」ということは，学習の文脈性を意識させることでもある。
- 自分の出番を考えながら「聴く」。
- 他の人の発言した内容に対して，反応する。

自分の考えと，同じか似ているか，違うかを「聴き分けながら」，他の人の発言を「つなげる」。

2) 学年が上がるにしたがって，「つなげる」回数を増やす

- 低学年の場合には，他の子の発言の復唱をさせることから始める。

「今の○○くんの言ったこと，分かった？ じゃぁ，（あなたが）言ってみて。」他の学習者の発言と「つなげる」ことを意識させる。

授業の終了時に，上手に「つながっていた」例を具体的に取り上げ，評価する。

「つなげる」ために，練習学習をする。初めは，3回とか，少ない回数から，次第につなげる回数を増やしていく。

3) 意図的に，発言者を教師が指名する

「一人学び」の時に机間指導して探しておいた子どもを，意図的に指名し，学習のきっかけや学習内容の展開を図る。

- 自分の「考えた」内容から，どこで発言をしたら適切か，効果があるかを考えて，発言できるようにする。このことを「出番を考えて発言する」という。
- 自分の「立場」を明らかにしながら発言できるようにする。

4) 自分の出番を考えながら「つなげる」

- 学習者の自主起立による，リレー発言は，事前に発言した内容を受けて話させる。
- 他の人の発言内容を聴き，理解していないと自主起立で発言を「つなげる」ことを行うことは，難しい。
- 単に（意図なく）子どもが次の発言者を指名するだけのリレーは行わない。
- 自主起立は，他者の発言を聴きながら，自分の出番を考え，いつどのように発言をしたら，他の人が理解してくれるかを判断して話すので，高度な発言であると言える。
- 単に，自分が「言いたい」ことのみを話すのは，この自主起立での発言で，ねらっていることではない。
- 「立場」によっては，譲り合わせることも「出番」を意識させることになる。

「つなげる」意識を持つと同時に，「つなげる」学習活動では，学習者同士が関わって，コミュニケーションを取る活動が重要となる。そのためには，次のような活動が求められる。

1) 結論から先に述べる（分かり易い言い方）

- 分からないときは**問い直す**
  「もう一度言ってみて」
  「今言ったことは，こういうことですか？」（言い直して問う）

2) 気付いたこと，考えたことを具体的に表現する

  「聞いていて気付いたんだけど」
  「比べてみて気付いたんだけど」
  「見ていて気付いたんだけど」

3) 発言が途切れたら，相談する（相談タイム）時間を取る

- 同じ立場の人と
- 違う立場の人と
- 確かめてみる必要がある人と
- 困っている人，分からない人と

4) 相談の仕方を工夫する

　相談時間は教師にとっても"黄金の時間"である。この時間に机間指導を通して，学習者の意見や相談してる様子を傾聴し，"次"の展開を考える材料を集めることも重要である。(具体的な進め方は後述)

- 相談時間をあまり長く取らない
- 相談は，座席の近くの人から行うことが原則

5) 説明の仕方を工夫する

　学習者が「考え」たことを，自分のことばで「説明する」ことを位置付けた展開が大切となる。この「説明」をするときには，一問一答式ではなく，下記の例のように友だちの考えに対してさらに考えたことを「つなげて」発言できるように促す。

- 一度にあまり多く（長い時間）発言しない。発言が長いと，聴いている側の学習者の緊張感が途切れ，聴かなくなる。
- 意味のまとまりで短く区切りながら話す。区切って話すことによって，聴いている側も反応を返しやすくなる。

　　例 「ここまで，どうですか。」「ここまで，いいですか。」

- 言い換える発言をさせる。

　　例 説明を付け加える。例をあげる。足りないところを補足する。

- 修正する発言をさせる。

　　例 どこが違うのか。本当に違うのか。どこを，どのように直せばいいのか。

- ふくらませる発言をさせる。

　　例 よいところはどこか。もっとこうしたら，さらによくなる。発表された考え方を使って，どのように問題を解決するか。関係のありそうなこと。

　上記のような学習課題に対する回答だけでなく「今（自分と友だち

がつながるために）どんな反応をするべきか」についても「考え」させた発言をさせる。

> **例**「（板書や発表カードが）見えにくいから，前に移動してもいい？」
>
> **例**「今，○○さんが言ったのは，□□□□っていうこと？」
>
> **例**「（うまく聞き取れなかったので）もう一度言って」
>
> **例**「（友だちと確かめ合いたいから）相談させて」等

6) 反応の仕方にも留意させる

「反応」は，他の学習者の発言に対して，「聴いて」いることをメッセージとして返すことである。このメッセージとして「反応」することにより，教室におけるコミュニケーションが行われる。

- 「質問，分からない」の意思表示をさせる。

  > **例**「どういうこと？」「よく分からないんだけど。」

- 「反対」の意思表示をさせる。

  > **例**「違うよ。」「おかしいよ。」

- 「賛成」の意思表示をさせる。

  > **例**「同じ。」「よいと思う。」「僕（私）も，そう思うよ」「似ている」

- 「考えが広がった・変わった」ことの意思表示をさせる。

  > **例**「私は，最初は△△と思っていたけど，○○さんの意見を聞いたら〜〜と言っていたので，◇◇という考えに変わってきた」
  > 「私は，最初は△△と思っていたけど，××の資料を見たら〜〜と書いてあったので，◇◇という考えに変わってきた」等々

7) 「つなげる」ことが行えるノートづくりをさせる

- 自分の学習の「足跡」が分かるように書かせる。課題，予想，調べたこと，まとめ（結論）など，自分の学習してきた「足跡」が分かるように，はっきり残るように書かせる。
- 後で読み直したときに分かり易いようにするための工夫をさせる。
- 自分の考えと友だちの考えを区別して書かせるよう。

  > **例** 筆記具の色を変えたり，マーカーで色分けをさせる。

- 学習問題や学習課題が分かるような書き方の工夫をさせる。

  > **例**「めあて」は赤わく，「まとめ（結論）」は青わくで囲んでおこう。

- 文章で書き表しにくいことは，絵や表，図などを使って表す。

◉「説明する」ことの重要性

　学習者は，学習内容を本当に理解している場合には，その内容を他者に対して「説明する」ことができる。「聴いて　考えて　つなげる」授業を行うとき，そこまでの「聴いて　考えて」という学習において一人一人の個人の中に学力が育成されていれば，他者へ「説明する」ことができるようになる。また，「output」が行われることにより表現力が育成されるとともに，それを通して思考力や判断力の評価が可能になる。

　したがって，この「説明する」ことができることは，言語活動を通し，思考力・判断力・表現力という学力の育成がされていることになる。

　「説明する」という言語活動は，学習対象を理解し，その内容が学習者自身に腑に落ちているときにのみ行うことのできる活動である。つまり，自己の学習をメタ認知していなければできない活動である。

　国語の授業における「説明する」ことは，説明という言語活動を通して，言語能力としてのメタ言語能力を育成することになる。

　さらに，国語科の学習において，言語能力を育成するために言語活動としての「説明する」ことを行わせることは，その学習した対象をメタ認知できているかどうかの評価を行うことでもある。

1) 内容の説明：分かったことの内容を「説明する」

　例えば，作品に記述されているこの言葉から，主人公の心情がどのように読み取れたのかを，「説明する」ことができる。また，文章の構成や表現から筆者の考えを捉えたり，文章の構成から分かった内容について「説明する」ことができる。

　そのための指導としては，言語活動を通して学習者に内容を理解させ，内容を理解するための事柄や事実，表現を捉えさせ，それを説明できるようにすることが必要である。

2) 方法の説明：分かったときの方法や手順を「説明する」

　例えば，主人公の心情の変化が，作品の始めと終わりとで変わった

ことなど，読み取った方法や手順を「説明する」ことができる。

そのためには，言語活動としての事柄を調べる方法や手順について指導し，説明できるようにすることが必要である。

3）理由の説明：分かったことの理由を「説明する」

例えば，文章中の表現から読み取った内容，友だちの発言や発表から分かったことなどについて，その理由を根拠立てて説明することができる。

この理由の説明ができるようにするには，学習を通して理解したことを学習者に整理させ，どうして分かったのか，その根拠となるものを意識的に説明できるようにさせる。

この国語の時間における「説明する」ことを発表させるとき，「分かったことは」「どうしてかというと」「なぜなら」「わけは」「理由は」等ということばを付けて行わせることにより，より「説明する」対象を意識することができるようになる。

この「説明する」ことは，国語科のみならず，算数・数学科によっても行われることを，次のものに見ることができる。

国立教育政策研究所教育課程研究センター「平成26年度　全国学力・学習状況調査　解説資料　小学校算数」（平成26年4月）「2　問題作成の枠組み」「(5)記述式の問題」には，以下のようにある。

　算数科の学習においては，言葉や数，式，図，表，グラフなどを用いて，筋道を立てて説明したり論理的に考えたりして，自ら納得したり他者を説得したりできることが大切である。
　a)「事実」を記述する問題
　算数科の学習では，数量や図形，数量関係を考察して見いだした事実を確認したり説明したりすることが大切である。
　「事実」を記述する問題では，計算の性質，図形の性質や定義，数量の関係の記述を求めること，表やグラフなどから見いだせる傾向や特徴の記述を求めることが考えられる。また，「事実」を記述する際には，説明する対象を明らかにして記述することが求められる。

b)「方法」を記述する問題

　算数科の学習では，問題を解決するために見通しをもち，筋道を立てて考え，その考え方や解決方法を説明することが大切である。

　「方法」を記述する問題では，問題を解決するための自分の考え方や解決方法の記述を求めること，他者の考え方や解決方法を理解して，その記述を求めることが考えられる。また，ある場面の解決方法を基に別の場面の解決方法を考え，その記述を求めることが考えられる。

c)「理由」を記述する問題

　算数科の学習では，論理的に考えを進めてそれを説明したり，判断や考えの正しさを説明したりすることが大切である。

　「理由」を記述する問題では，ある事柄が成り立つことの理由や判断の理由の記述を求めることが考えられる。また，「理由」を記述する際には，「AだからBとなる」のように，Aという理由及びBという結論を明確にして考え，それを記述することが求められる。さらに，理由として取り上げるべき事柄が複数ある場合には，それらを全て取り上げて記述することが求められる。　　　　　(p.7-8)

　上記から，「説明する」という言語活動を通して，各教科等の学力の育成が図られるということが分かる。このことは，「思考力・判断力・表現力」という学力の育成には，言語活動が機能しているということになる。

　これは，「つなげる」において，思考し，判断したことを言語によって表出する活動を伴うことなしには，真の意味での学力の育成が図られないことを示しているとも言えよう。

　なお，「聴いて 考えて つなげる」授業は，活動としてのプロセスのサイクルであり，一つの「聴いて 考えて つなげる」のサイクルで終わるのではなく，この「聴いて 考えて つなげる」ことが，連続して繰り返し行われるものである。

　そしてこの「聴いて 考えて つなげる」ことの連続して行われている教室こそ，コミュニケーションとしての伝え合いが機能していると

いえる。

(7)「聴いて 考えて つなげる」授業での「汎用性のある技能」の内容

　「聴いて 考えて つなげる」授業では，この授業を行うための「あたたかな聴き方」と「やさしい話し方」の「汎用性のある技能」を育成するプロセスを通して，各教科で育成すべき学力の定着を図るものである。

　以下，「あたたかな聴き方」と「やさしい話し方」で求めている「汎用性のある技能」の観点から例を示す。

●「あたたかな聴き方」の「汎用性のある技能」

　以下にあげるものが例として考えられる。

- 話す人の方を向いて聴くことができる。
- 話を最後まで聴くことができる。
- 自分の考えと比べ，同じ，同感，納得などをしながら聴くことができる。
- 自分の考えとの違いを考えて聴くことができる。
- 友だちの話や考えを復唱できるように聴くことができる。
- 自分の考えと比べ，似ている，少し違うなど，意識しながら聴くことができる。
- 自分の考えを持って聴くことができる。
- 話を聴いて反応することができる。
- 内容を確認しながら聴くことができる。
- 相手の話を理解しようとして聴くことができる。
- 聴いた内容について，相談することができる。
- 相手がなぜそう思ったのかを，考えながら聴くことができる。
- 考える内容を深めるために相談相手を選択することができる。
- 話す人の立場や想いに寄り添って聴くことができる。
- 課題に沿った話し合いができているかを考えながら聴くことができ

る。

●「やさしい話し方」の「汎用性のある技能」

以下にあげるものが例として考えられる。
- 相手の方を向いて話すことができる。
- 相手に聞こえるような声で話すことができる。
- 言いたいことを区切って話すことができる。
- 席が近くの人と相談することができる。
- 自分の立場を明らかにして話すことができる。
- 聞き手の反応を確かめながら話すことができる。
- 自分の意見の根拠や理由を言うことができる。
- 結論から話し，根拠を明らかにして話すことができる。
- 他の人の発言や考えにつなげて自分の話をすることができる。
- 他の人に変わって，その人の考えを説明して話すことができる。
- 聞き手の反応やつぶやき，表情を読み取って話すことができる。
- 話し合いの論点に沿って自分の出番を考えて話すことができる。
- 課題解決や課題についての方向を考えて話すことができる。
- 資料や例えを使いながら説明することができる。

　上記に示した「汎用性のある技能」は，国語科としての「話すこと・聞くこと」の言語能力の育成を直接的に目的とするものではない。「汎用性のある技能」として活動を行うことによって，「話すこと・聞くこと」の言語能力の育成が図られることもあるが，それ以前に，授業に学習者がどのように参画し，主体的な学習活動に取り組むか，ということが目的である。
　さらに，この「汎用性のある技能」は，学校教育において，既存の教科を超えて育成する資質・能力の基盤となる「技能」ということができる。
　それは，汎用的学力育成のための授業の基盤となる。

V

汎用性のある授業づくり
――教材研究と授業過程のあるべき姿――

V 汎用性のある授業づくり——教材研究と授業過程のあるべき姿——

1

教師のスタンス

（1）教師の構え（スタンス）

　授業の主役は，学習者であるが，それを支え，授業を意図的・計画的に行うのは，教師の役割である。

　これまで，教師は，どちらかというと知識や技能の伝達者であった。またそれは，時代の中で求められるものでもあった。しかし，今日，時代が求める学力が大きく転換し，知識基盤社会に通用する教育を行わなくてはならない状況の中で，これまでとは異なる教師像が求められるようになってきた。

　これからの時代が求める教師像で，一番変えていかなければならないのは，「教師は教える者である」という意識からの転換である。それが授業づくりの意識改革につながる。なぜ意識改革が必要かというと，これからの時代が求める児童生徒に育成すべき学力が，「思考力・判断力・表現力」になったからである。

　この「思考力・判断力・表現力」という学力の育成のためには，児童生徒が主体的に「考える」ことを，授業として意図的・計画的に組織・構成していかなくてはならない。そのためには教師の基本的な構え，授業への向き合い方にも，改善が求められている。

　まず第一に，これまでのように教師が学習内容や方法について説明せず，学習者に説明をさせることが重要となる。いきなり学習者に説明をさせるということは無理である。そこで，単元を通して学習活動を組み，その学習活動を通して，学習者に説明ができる学力を育成することが求められる。

　そのためには，これまで教師が行ってきた学習指導の多くのことか

らの転換が求められる。

教師のスタンスとしては次のようなことが考えられる。

> ● **教師が聴き上手になる。**
> - これまで，多くの教室では，教師が一方的に話や説明をすることが多く行われてきた。そのことからの転換を図らなくてはならない。
>   そのためには，学習者に話や説明をさせ，教師は聴き手となることが求められる。教師の発言は，できるだけ控え，学習者が発言する時間を多く取るようにしたい。
> - 学習者の発言を待ち，学習者の発言をよく聴くように心がける。
> - 教師の意図に沿わない発言も，口出しせずに他の学習者のつなぐ発言を待ち，任せる。
>
> ● **教師の発言は，学習者の「考え」を支えるものとする。**
> - 「考える」ことを支え，促す発問・指示
>   「どうする，どうして，なぜ，わけは，だから，どうしたい，どういうこと」
> - 教師が言いたいこと，言うべきことを，できるだけ学習者に言わせる。
> - 学習者の発言を，教師が復唱しない。まとめない。
>
> ● **教師に向かって話をさせない。**
> - 学習者は，他の学習者に向かって話をする。
> - 教師は，学習者の発言に安易に反応をしない。

(2) 教師の立ち位置や出番（出場）

教師は立ち位置や出番にも注意を払う必要がある。

◉立ち位置

> ● 聴いているかどうかを見極める，教師の立ち位置は重要

> - 小学校低学年の場合には，教師が発言する児童の後ろに立つと，他の児童が，発表者の方を向いているかいないかを見ることができる。
> ● 発表者と，二人の世界を創らない。
>   - 教師が発表者だけを見て，例えば，うなずきながら発表者の話を聴いていると，他の学習者が発表者の発言を聞いているのかの把握ができない。特に，黒板の前で発表している場合，目線が発言者のみに向いてしまい，聴いている他の学習者の掌握ができない。

●出番（出場）

> ①話し合いの方向が課題とずれてしまった場合は，助言や修正をする。
>   - そのためには，教師は学習者の話をよく聴いていなくてはならない。
>   - 教師は学習者の相談に入り，個別の支援をする。
>   - 学習者の表れから次の発言の流れを読む。
> ②事前のノート指導等で，学習者の考えを予想しておく。
> ③教師が言うのではなく，学習者から「何」という問いを言わせる。
>   - 子どもが「何で」，といえば，教師が出なくてすむ。
>   - 子どもがなぜ話しているか，何を考えているかの理解をしようとする。
> ④1年生から六年生まで，同じではない。発達の段階を捉える。
>   - 発達の段階では，教えなくては分からないことは，教える。ただ単に待てばよい，というものでもない。特に，反応の仕方。

　学習者主体，といっても，学習者に育成すべき学力や教育課程の編成，授業づくりなどは，教師が行うべきものであり，また，そこで行われる授業も，教師の意図的・計画的なものでなくてはならない。
　しかし，時代は，教師が一方的に学習者に教え込むものではなく，学習者が「思考・判断・表現」することが求められるものとなっている。

そこでは、学習者の「考える」ということを大切にし、それができるような学習者の育成が求められている。

　ただし、基礎的な知識や技能は、教師が教えなくてはならないこともある。そのため教師は、1時間ごとの授業計画ではなく、単元の中で、教えることと考えさせることを計画しておかなければならない。

　「思考力・判断力・表現力」という学力を学習者が身に付けられるのは、学校教育における教師の指導があってこそである。だからこそ、今日、教師の力量が求められている。

　それゆえ、教師は学習者が受動的に学ぶことが重要か、能動的に学ぶことが重要かの判断をして、一つの単元の中でそれらをバランスよく指導過程として組織構成を図らなくてはならない。

2 授業研究のあり方

　授業研究は，日本の学校教育が誇る優れたものであり，明治時代から約140年にもわたり，脈々と行われてきたものである。それは，日本の優れた授業を支え続け，一人一人の教師の能力や力量の形成に寄与してきた。

　しかし，時代の変化の中で，これまでの教師個人の力量形成を行うための授業研究から，それぞれの学校の教育課程に基づき，その学校の児童生徒の学力の育成を対象とした授業研究にシフトされてきている。

　多くの学校では，これまでの教師個人の力量形成を図ることはもとより，さらに，学習者の実態を基にして，今日の学校教育で育成すべき学力を，授業によっていかに児童生徒に身に付けさせるか，ということに焦点が当てられた授業研究を行っている。

(1) 授業研究を組織として行う

　先にも述べたが，授業研究は，個人としての教師の授業力を延ばすとともに，学校という組織体として学校全体の授業を改善し，その学校に在籍する児童生徒の学力の伸長のために，よりよい授業を行うことを目指すものである。それぞれの教師の個性を生かしながらも，学校組織として，すべての児童生徒に対して学力保障を行わなくてならない。授業研究を通して，学校としてどのような授業を行うのかという意識を共有することに，授業研究の今日的な意味がある。

　中央教育審議会 初等中等教育分科会 教育課程部会「児童生徒の学習評価の在り方について（報告）」（平成22年3月24日）の「3．学習

評価の今後の方向性について」に，以下の記述がある。

> (学習評価を踏まえた教育活動の改善の重要性)
> ○また，従前指導と評価の一体化が推進されてきたところであり，今後とも，各学校における学習評価は，学習指導の改善や学校における教育課程全体の改善に向けた取組と効果的に結び付け，学習指導に係るPDCAサイクルの中で適切に実施されることが重要である。　　　　　　　　　　　　　　　　　　　(p.11)

　ここでは，指導と評価の一体化の考え方のもと，各学校における教育課程で示した教育内容を学力として児童生徒に育成するために，効果的，かつ，適切な取組をPDCAサイクルとして行っていくことを提案している。

　特に，これまでは，授業研究というと1時間単位を対象としてきたが，それでは，PDCAサイクルとしての授業の全体像を捉えることができない。さらに，観点別学習状況の評価を行うに当たり，短いスパンの中で4つの観点の評価を行うことは，現実的ではない。

　「学習指導に係るPDCAサイクルの中で適切に実施されることが重要」ということは，単元を，年間学習指導計画としての教育課程全体の中に位置付けるとともに，単元の中での観点別学習状況の評価を適切に行うことを示している。そして，それぞれの単元における観点別学習状況の評価の充実を通し，育成すべき学力が明確にされた授業を行うことを目指している。

　さらに，上記「(報告)」では，PDCAサイクルの具体的内容を，以下に示している。

> ○すなわち，教師や学校にとっては，
> ①学校における教育課程の編成や，それに基づいた各教科等の学習指導の目標や内容のほか，評価規準や評価方法等，評価の計画も含めた指導計画や指導案の組織的な作成
> ②指導計画を踏まえた教育活動の実施

③児童生徒の学習状況の評価，それを踏まえた授業や指導計画等
　　　　の評価
　　　④評価を踏まえた授業改善や個に応じた指導の充実，指導計画等
　　　　の改善
　　といった，Plan（①），Do（②），Check（③），Action（④）の
　　PDCAサイクルを確立することが重要である。
　　　このようなPDCAサイクルは，日常の授業，単元等の指導，
　　学校における教育活動全体等の様々な段階で繰り返されながら展
　　開されるものである。学習評価を通じて，教師が授業の中で児童
　　生徒の反応を見ながら学習指導の在り方を見直したり，一連の授
　　業の中で個に応じた指導を図る時間を設けたりすることや，学校
　　における教育活動を組織として改善したりしていくこと等が求め
　　られる。

　ここで特徴的なのは，①において教育課程の編成や各教科等の学習
指導の目標や内容を学校として決めておくことと同時に，「評価規準
や評価方法等，評価の計画も含めた指導計画や指導案の組織的な作
成」を求めていることである。
　特に，ここで注目されるのは「指導案の組織的な作成」である。こ
れまで指導案というと，授業を行う教師が，研究授業の対象となる自
分の授業の1時間を対象として作成することが多かった。それは，指
導案の個人的な作成であり，せいぜい学年やそれぞれの教科での検討
がされることはあったものの，組織として検討された指導案ではなか
った。
　今日求められる学校における教育活動は，個人としての教育力や授
業力だけでなく，学校体制（**チーム**）としての組織的なものが重要で
ある。
　このような教育活動の転換により，授業研究もこれまでのように，
一人一人の個人としての授業研究から，学校という組織としての授業
研究が求められる時代となった。

(2) 組織（チーム）としての学校

　児童生徒は，担任や教科担任を選ぶことはできない。大学ならば，自分で受けたい授業を選択することができるが，小学校，中学校，高等学校では，学校が決めた教育課程に従って，その授業を受け持った教師の授業を受けることになる。

　このことは逆に，授業を受け持つ教師の責任は重い，ということでもある。

　教師が自分の担当する授業を，自分勝手に，自分の思うまま行ってしまっては，組織としての学校の授業が成立しなくなる。各学校においては，それぞれの学校の児童生徒の実態に合わせて教育課程の編成を行っているのだから，それにしたがった授業を行わなければならない。

　担任や教科担当が変わると，授業内容が異なるというのでは，学校という組織体が維持できなくなる。繰り返しになるが，児童生徒は教師を選ぶことができない中で，教師が学校で編成した教育課程とは異なる授業をしてしまっては，組織としての学校の体をなさないことになる。

　中学校や高等学校において，定期テスト等において，複数のクラスを複数の教員が受け持っている場合，それぞれの担当教員のクラスごとに異なるテストを行う場合がある。これまでの時代では行われてきたが，これからの時代，学校が学力育成の組織として運営されている以上，おかしなことになる。

　各学校においては，教育課程の編成を行い，その内容を学習者に学力として育成するのが学校の責任である。児童生徒の学力保障は，学校の責任として行われなくてはならない。そこで，定期テストも学校として責任あるものでなくてはならない。テストを行うということは，そのテストによって学習者が，それぞれの学校における教育課程に示されている学力を身に付けられたかどうかを見るものである。

　このような定期テストにおいて，受け持つクラスによってその内容が異なるということは，学校が教育課程に責任をもっていない，とい

われても仕方のないことである。

　児童生徒は，多くの場合，地域の小学校中学校に通ってくる。高等学校においては，学校を選択した上で，学校に通ってくる。そこでは，教師を選択することはできない。だからこそ，それぞれの学校で教育の機会均等を保障しなくてはならないのである。教師の個人的な判断によって教育内容が変わってしまっては，それは教師の自由の保障であって，児童生徒が等しく教育を受ける権利を阻害していることになる。

　ただし，ここで言うのは，組織としての学校をいかに実現していくか，ということであり，教師の個性やものの見方や考え方を統一する，ということではない。組織としての学校には，教員が児童生徒の学力の育成に向けて，それぞれの教師の個性を生かしつつ，チームとして取り組むことが求められているのである。

(3) 授業研究の内容

　授業研究には，研究授業を行う前の準備段階での研究としての「事前研究」，実際の授業を対象とし，その授業中に行う「時中研究」，そして，一般的に多く行われている，授業終了後の「事後研究」がある。そのような授業研究を組織として行うことが求められる時代になった。

　今，なぜ，組織として授業研究を行わなくてはならないのか。それぞれの授業研究を行う場面によって違いがあるのか。どのような授業研究が行われるとよいのか等について，その目的と意図を視点として考えていきたい。

　なお，ここでの授業研究とは，一つの学校で行われる校内研究としての授業研究を対象としており，一般的な授業研究を対象としての考察ではないことを付記しておく。

●**事前研究**

　授業研究を行うために，事前に研究するのが事前研究である。何を目的や目標として授業を行うのか，研究授業を行うことによって何を

明らかにするのか，その内容と方法とを事前に考え，追求するのが，ここで研究する目的となる。

この事前研究を行う理由の第一に考えられるのは，学習者の実態を理解することである。校内研究で授業研究をするときにメリットとなる，学習者についての共通理解を深めておくことである。事前研究では，対象となる授業内容について，授業参観者の共通理解を図ることも重要である。しかし，校内研究として授業研究が行われるときに最も重要なのが，学習者理解である。

この校内研究での学習者理解は，その授業だけを対象としているのではない。学習者の学びの文脈を考えるとき，受け持っている学年の教師のみではなく，他の学年や他の教科の教師が授業研究に参加し，学習者理解を深めておくことは，次年度，さらに年度をまたいで数年間の子どもの成長を文脈として捉えることができるようにするためにも大切なことである。また，他の教科の教師も授業研究に参加することにより，他の教科の時間の学習者の様子や実態を理解することも重要である。

さらに，事前研修として，学習者の学びを事前にシミュレーションしておくことにより，学習目標が適切であるのか，学習目標にどのようにアプローチをしたらよいのか，また，授業にどのように学習者が取り組めそうか，等，授業に対応する学習者の各種活動を予想しておくことは，適切かつ的確な授業づくりに役立つことになる。

●研究授業（時中研究）

この研究授業（時中研究）は，授業中に起こるさまざまな学びを対象とした研究である。これまでは，この研究授業は，教師の力量形成のために多く行われてきている。しかし，今日，学習者がいかに学ぶか，ということを採り入れた研究授業も多く見られるようになってきている。

①児童生徒の授業参観

学習者自身がいかに学ぶかということを考えるためには，他のクラ

スの児童生徒が授業参観することを通して，自分たちの学びをメタ認知することが有効であることが分かった。他のクラスの児童生徒が研究授業の参観を通して，自分たちの学びを再構成し，吟味し，意味付け，自分たちの授業に他のクラスでの授業内容や方法を採り入れるのである。いわば，児童生徒同士が，「学び方を学び合う」ことを行うのである。

そこでは，自分たちが授業を受けているときには分からなかったことが，他のクラスの授業を参観することにより相対化され，対象化されることを通して，自分たちの学びの在り方に気付いていく。

また，下の学年の児童生徒に上の学年の児童生徒が授業を見せることによって，上の学年の学習者が育つ事例も多くある。上級生にとって，下級生に学習内容を教えたり，学習の進め方を見せたりすることは自らの学びを振り返ることになり，学習内容・方法の復習と理解とが深まることになる。

これは，ある中学校での事例である。

中学校2年生が，中学校3年生の数学の授業に参加した。3年生が二次関数を学ぶとき，その前に中学校2年次で学んだ一次関数を復習するのであるが，それを，3年生が2年生に一次関数について教えるという方法で行っていた。

また，学び方を学ぶ場合には，次のような事例があった。

ある小学校で，4年生が，相談タイムの取り方が分からないといっていたら，6年生が自分たちの授業を見においで，と，4年生を自分たちの授業を見に来るように招いた。そこで，6年生は，相談タイムの取り方の実際を4年生に見せ，理解をさせた。そして，その後，4年生の授業に6年生が再度赴き，相談タイムが上手に取れているかの指導を行った。異学年間の学び合いが始まっている。

また，他の授業を参観することにより，違うスタイルの授業についての授業イメージを創ることができるようになる。

このためには，同じ学校の授業を見るだけでなく，例えば，教師がビデオ撮影してきた他の学校の授業を見ることにより，自分たちの授業と比べさせてみることも有効である。このことが発展し，徒歩で往

還できる近隣の小学校同士が授業を公開し合い，小学生が他校まで出かけて授業を参観している例もある。

②授業者以外の他の教師の研究授業（時中研究）での関わり

　実際の授業を参観することが，教師にとっては一番の学びとなろう。しかし，見せてもらっただけで終わりにしたのでは，授業者にとっての学びが少ない。また，それでは，学校として組織的・計画的に児童生徒に学力を育成するということにつながりにくい。

　組織としての学校づくりのためにも，研究授業（時中研究）における授業者以外の教師が，いかに，その研究授業に参加できるのかが問われている。だからといって，授業中に，授業を参観している教師が積極的に授業に関わることを勧めているのではない。研究授業は，日常的に行われている姿を，そのまま見せることが大切である。研究授業は，特別な授業という認識を改め，日常の授業が継続的に行われる中の1時間を切り取っているだけ，ということが重要である。普段できないようなことを，その1時間だけ行うことは，学習の継続性から行っても意味のないことである。

　では，研究授業を参観している教師がいかに授業に関わるか，というと，研究授業の中や終了直後に，評価を行うことが重要となる。

　この評価は，授業者に対してのものではなく，授業を受けていた児童生徒に対して行うものである。児童生徒の授業中の発言や行動，ノートの記述内容，他の学習者との関わり等，授業での学習者の学び方や学習内容について，どこがよかったか，どこをもっと工夫するとよいなどについて，授業終了直後に，児童生徒に伝えていくのである。こうすることで，児童生徒は，その授業に対するメタ認知のきっかけを得ることができる。

　授業を受けていた児童生徒に対して行う教師の評価は，授業終了後に伝えるだけでなく，他の時間に伝えてもよい。特に中学校や高等学校においては，他教科の教師が，それぞれ自分の担当する教科の時間に伝えることも有効である。それは，学習者としての児童生徒を，学校全体の教師が見ている，見守っているという教師からのメッセージ

ともなる。このことも、学校がチームとして機能しているからこそ可能な、教師から児童生徒への働きかけである。

●事後研究
①学習者の参加する事後研究会

研究授業が終わると、多くの学校では事後研究会と称しての検討会や反省会がもたれる。最近では、付箋紙を使用したり、模造紙への記入をしたりする方法等、これまでの単に授業者からの自評と研究授業に参加したしたものが行う質問とコメント、というような事後研究から、少しずつ変わりつつある。それは、授業の主役である児童生徒が不在のまま、教師の側からの授業に対する検討や反省が行われている現状を見直していこうという動きでもある。

明治以降からの授業研究は、教師の授業力向上のために行われてきたものであり、そこでは、学習主体である児童生徒が、授業によっていかに学力が育成されたか、ということがあまり対象とされてこなかった。

しかし、今日行われなくてはならないのは、学習主体である児童生徒にいかに学力を育成することができたか、ということや、その目的のための授業をどのように行ったか、ということを、授業に参加したものが皆で考えることである。

「授業に参加したものが、皆で」という書き方をした。そこには、学習の主体である児童生徒の事後研究への参加が含まれている。これまでの事後研究は、教師のためのものであった。しかし、よくよく考えてみると、誰のために授業を行っているのか。本来授業は、児童生徒のために行われているものであり、その主体である児童生徒が、授業をどのように受け止め、授業をどのように理解し、どのように思ったり感じたりしながら授業に参加していたのかを直接当事者に聴かないまま、いわば、外から見ている、他の教師等の発言によって、授業研究がなされているのならば、それは、主役抜きでの研究でしかないと考えるからである。

そこで、授業を受けていた当事者である児童生徒も、事後研究会に

参加することが，これからの時代の授業研究には重要となる。筆者は，この児童生徒が事後研究に参加することを，平成3（1991）年から勧めているが，小学校1年生でも充分授業について語ることはできるし，また，小学校1年生なりの新鮮な発言も多くある。事後研究に参加する児童生徒の学年が上がれば，当然，鋭い反省や，授業に対しての要望やあり方を問うような発言も出て，授業者が考えなくてはならないことも多く話される。

この事後研究への児童生徒の参加は，その授業を受けた学習者全員でなくてもよい。要は，学習主体である児童生徒が授業を受けて，何を学び，その授業をどのように考えているのかを語り，授業をする側が謙虚に耳を傾けて，授業改善の糧とすることが重要なのである。

したがって，児童生徒がこの事後研究会に参加することが時間的や物理的に無理な場合には，授業終了後すぐに，授業参観していた教師が複数で，複数の児童生徒にインタビューをしてもよい。

この学習者が事後研究会に参加する，という趣旨を違わなければ，方法は，いかようにもあり，その方法は，それぞれの学級の数だけある。

②学習者のメタ認知としての事後研究会

事後研究を，授業を見ていた教師がすることも，教師の授業に対する力量形成の上からは有効である。学習者のための授業を行う指導者としての教師が，授業をいかによりよくしていくか，ということを行うために事後研究会をしているということは，前提にある。

しかし，授業が本来，学習者のためにあるものとすると，学習者自身がその授業についての意味を把握することが大切なのではないか。事後研究会とは，学習者のためにもある，ということを再度確認することが重要である。

学習主体である児童生徒が，学習したことを自覚的に身に付けるには，自分の学習をメタ認知することが重要となる。

では，どのようにしてメタ認知としての振り返りを行えばよいのかを考えたい。メタ認知としての振り返りは，そこに学習者自身の自覚

や意味付けが行われることによって機能する。そのための方法としては，学習プロセスをきちんと記録化し，その記録をたどりながら，今ある自分は，学習場面のどこでそれに気付いたか，どこでそう考えたか，誰の発言によって考えが変わったか等を自覚化させる必要がある。そのための方法として，以下のものがある。

1) 小学校の高学年や中学校，高等学校であれば，ノートの記録を跡付けしながら行うことができる。
2) 記録として有用なのがビデオである。自分たちの授業をビデオ撮影して児童生徒が自分たちで授業を振り返る。そのことによって，自分たちが授業でどのような学習をしているかのメタ認知が可能となる。しかし，この方法は，授業時間が倍かかるという欠点もある。
3) 授業参観させてもらって「ありがとう」のお手紙を，授業を見せてくれた学校や学級に児童生徒が送ると有効である。これは，児童生徒が他のクラスの授業参観をするときに「自分たちができていること」「自分たちの授業に取り入れたいこと」等を，記録しておき，それを学級担任や教科担任が模造紙等の大きな紙一枚にまとめ直して，授業を公開してくれたクラスに送り，それを掲示してもらうことを行う。

　ここでは，教師がまとめ直すことが重要であり，まとめるときに教師の思いやこうしてほしいという願いも，そっと紛らせておくことが重要となる。時に，児童生徒が書いた用紙をそのまま他の紙に貼り付けていることがあるが，それでは，送られてきたクラスでは，すべての児童生徒の書いた用紙を読むことは難しい。

　模造紙一枚にまとめ直したものであれば，教室に貼っておいても一目瞭然であり，そこに，見てくれた児童生徒のメッセージが端的に表現されることになる。

　この模造紙一枚の「授業を見せてもらってありがとう」に書かれているメッセージにメタ認知の要素が記述されている。

　ここまで，授業研究という視角から，授業の在り方について述べて

きたが，これ以外にも，学校教育で行われる授業を対象とした研究には，学年を横断した授業研究や教科を横断した授業研究などが行われる必要がある。

学年を横断した授業研究は，特に，小学校において，学習者の学習の文脈を考える上で重要となる。また，教科を横断した授業研究は，特に，中学校や高等学校において，教科の枠にとらわれず，学校全体で授業について考えたり，学習者の学習状況が教科によって異なったりすることの原因を追及するのに重要となる。

これまで教師が授業をいかにするか，という問いの中にあった授業研究を，学習者である児童生徒が，授業を通していかに学力を身に付けていくのか，そのプロセスがいかなるものかという問いに変えていく。日々の授業を受けている児童生徒や，それぞれの学校の実情や実態に合わせ，授業をよりよくしていくという観点から授業づくりをすることが，授業研究に問われている。

そして，特に，公立学校では，教員の人事異動の中で，いかに継続的に授業研究が行われ続けるのかも，大きな課題である。各学校における授業研究は，それぞれの学校の特色や実情に合わせて複数年次にわたって創り上げられる。しかし，それぞれの学校の構成する教員の異動による変化の中で，研究を継続的に行っていくことの難しさもある。

教育研究は，時代の中にあるが，しかし，目の前の児童生徒の学力の育成を図るために行われている営みである。したがって，それぞれに児童生徒が学校生活を続けるなかで，例えば，小学校1年生から6年生まで学ぶということの文脈が，学校教育においては重要となる。だからこそ，授業研究は，継続的に行われなくてはならない。

そのことに対しての自覚と責任とを，学校の教師はもつべきであり，それが組織としての学校の使命でもある。それぞれの学力としての不易と流行はあるものの，児童生徒の未来に生きる学力を育成するためにも，継続的，かつ，学習の文脈のある授業づくりを行っていきたいと考える。

授業研究を継続するには，教師の絶えざる自己認識と，自己変革が求められる。

3 授業づくりの道すじ

　これまで学校教育における授業は，主に，知識の伝達と再生とを学力の中心にしてきたことは，否めない。しかし，これまでにも述べてきたように，時代状況の変化とともに，学力観の中心が，「思考力・判断力・表現力」に転換した。

　この「思考力・判断力・表現力」の育成は，これまでの授業を全面的に否定するものではない。これまでの日本の学校教育における授業のよさは残しつつ，これまでにたりないものを，付加し，補い，さらに改善する中で，時代が求める学力の育成を志向していかなくてはならない。

　ここには，教師の授業観の転換という，ある意味で最も困難な状況が生まれている。それは，日本のこれまでの学校教育における授業が優れていたからでもある。しかし，これまで優れていても，これからの時代，さらに児童生徒が生きていく近未来の社会において必要な学力の育成が行われなくては，学校教育の機能を果たした，ということはできない。

　そこで，ここでは，これからの時代で行われなくてはならない授業について，これからの時代が求める思考力・判断力・表現力育成という視点から考えていきたい。

　まず，始めに考えなくてはならないのが，授業は，1時間単位で完結するという幻想から，離陸すべきことである。確かに，授業は1時間1時間の積み重ねであるが，1時間ですべてを学習することはできない。授業は，1時間1時間の積み重ねという文脈の中で蓄積されるものであり，だからこそ，1時間を大切にすると同時に，単元全体の中での学力育成が重要となる。

明治以降，日本の授業は，1時間の授業を基本に展開されてきた。そのことは，世界の中でも優れた授業が行われる基盤となっていることは否めない。しかし，時代が求める学力は，1時間単位の授業で育成することが不可能となった。そこで，授業づくりそのものを見直す時期に来ていると言えよう。

(1) これからの時代における授業づくりの考え方

　これまでの授業づくりは，例えば，昭和20年代以降，学習指導要領が求める学力内容に沿って授業づくりが行われてきた。また，それと同時に，その時代の教育思潮によっても，授業づくりが行われてきた。その授業づくりは，日本だけのものではなく，アメリカやイギリスさらにソビエト等の西欧先進諸国での教育思潮に基づくものも多くあった。

　時代の中に，将にその時代が求める学力観に裏付けられた授業が行われてきている。だからこそ，今日という時代が求める授業とは，いかなるものか，その在り方について，ここでは考えたい。

●今日求められる，学力育成のための授業

　繰り返しになるが，今日学校教育で育成すべき学力の中心は，思考力・判断力・表現力である。この学力をいかに付けるか，ということが授業に求められている。

　これまでの日本の学校教育における授業は，大きく捉えると，問題解決学習と系統学習の二つの間で，授業観が揺れてきたと言えよう。

　問題解決学習は，その源をアメリカのJ・デューイによって試みられた学習で，教師が主導するのではなく，学習者の疑問や考え方を基に仮説を立て，その仮説を学習プロセスの中で学習することを通し，そのプロセスそのものを重視する，という学習である。そこでは，学習者が主体となり，学習者の関心や疑問を学習プロセスの中で解決に向けて取り組むことになり，その取り組みそのものを対象化する。したがって，教師があらかじめ到達点を予想し，教師が準備した手続き

にしたがって学んでいく系統学習とは，立場を異にしている。

そこでは，学習のプロセスを重視するため，そこでの体験や経験が大切となる。また，学習を展開するための問題自体も，学習者が学習プロセスの中で作っていく。そのため，学習者が関心あることを学ぶことになり，主体的に学習に参加することができ，学習者の思考力や創造性を延ばすことのできる学習とも言える。

問題解決学習では，指導者としての教師があらかじめ用意しておいた学習課題や問題を学習者が学習することは少ない。そこでは，学習者自身が学習課題や問題を作るために，学習にかかる時間が多くなる。また，学習者主体ということで，学習目標や目的が学習者に適切でない場合も出てしまうこともある。

このように問題解決学習は，学習者主体の学習であるために，学習内容を系統的に行うことや意図的・計画的に行うことが難しい。したがって，その学習で，どのような学力の育成が行われるのかが明確でなく，一連の学習によってどのような学力が育成されたのかが分からないことも多くある。そのことに対して，「活動あって，学びなし」ということが言われている。

一方，系統学習は，教育目標を実現するため，意図的・計画的に指導者としての教師が主導する学習である。学力を育成することには，学習内容やその系統性を学習内容の文脈と方向性を理解している教師が示すことも必要である。ここに，系統学習の意味がある。しかし，この系統学習では，教師が学習を主導するために，学習者の学習意欲を削ぐ場合もある。そこで，学習者自らが学ぶ，ということの意味をいかに見出させることができるかが，問われている。

教育課程としての学習指導要領は，学習内容の系統性を整えており，平成20年版学習指導要領は，その系統性をこれまでの学習指導要領以上に打ち出している。

問題解決学習と系統学習を二項対立させるのではなく，それぞれの特長を生かした授業計画を，教育課程の中に位置付けることが重要となる。そこで，学習者の主体性を維持しつつ，学習内容の系統性を保障するような学習を組織・構成するには，学校全体の教育課程，さら

に，年間の教育課程，その年間教育課程を細分化した，各単元の教育課程という，教育課程の構造化が重要となる。

この構造化された教育課程により，各単元の学習においては，単位時間の中に，問題解決的学習や，知識・技能を身に付けるための系統学習をバランスよく配置し，学習者の主体となる学習と知識・技能の習得を図る学習とを基に，それらを活用して，思考力・判断力・表現力という学力の育成を図っていかなくてはならない。

●見通しを学習者に知らせておく

学習者の学力を育成するのは，教師の役割であることを確認したい。学力は，自然に育成させるものではない。学力は，意図的・計画的な教育課程の中で，育成されていく。しかし，上記で見たような問題解決学習は，学習者の側からの発想であり，そのことは重視したいが，それがあまりにも学習者任せになってしまうと，何のために問題解決学習を行っているのか，ということが分からなくなってしまう。

繰り返しになるが，学校教育における学力は，自然に学習者が獲得する学力とは異なり，意図的・計画的に育成することが行われなくては，学校教育の意味がなくなってしまう。

そこで，学習者に，いつ，どのようにして，どのような学力を育成するのか，ということが分かる教育課程の開示が重要となる。このことは，教育内容を学習者に示すという学習内容のインフォームドコンセント化を図ることでもある。

そもそも，学習の主体は学習者であることは自明である。そこで，その学習主体である学習者に，学習の見通しを持たせることは，自己の学習内容を事前にメタ認知させることにもなる。

1時間単位の授業の内容はもとより，それを積み重ねていく単元の中での各時間の内容を，学習者が分かるように示すことが重要となる。そのためには，まず，指導者が単元ごとの指導計画をきちんと立案しておかなくては，学習者に学習内容を各時間ごとに提示することはできない。

そこでは，各時間の学習で育成すべく学力の内容（身に付けたい力）

を示すとともに，その学習の内容（身に付けたい力）を実現するための学習活動と，その順序も必要となる。さらに，その学習活動に対して，いつ，どのように評価されるのか，その評価の規準と方法を，明らかにしておく必要がある。

そして，何を持って評価するか，その評価を何によって行うのか，という証拠や検証となるエビデンス（evidence）も，きちんと示しておくことが重要となる。

これまでの評価は，授業終了後のいわゆるペーパーテストをもって行われることが多くあった。しかし，今日の学習指導に対しては，授業の中でのパフォーマンス評価も重要となっている。

これらの評価を行うためにも，事前に単元の教育課程を示すときに，何を持って評価を行うのか，ということを明確にする必要がある。

(2) 授業の組み立て方

●学習指導案の考え方の転換

① 1時間単位の指導案からの転換

これまで，明治以降の指導案は，その多くが1時間の授業過程を基本とするものであった。そこでは，「導入　展開　まとめ」という1時間で完結する指導の手順や流れの可視化が行われた指導案が用いられてきた。

確かに，授業を参観するとき，その対象となる1時間の授業展開が見えると，授業展開の中での教師や児童生徒の活動を理解するには好都合である。しかし，その展開が，授業の状況や学習者の状態によって指導案に記述されていたものとは異なる場合がしばしばあることは，当然である。

この1時間単位の指導案は，明治時代に形成されたものであり，ヘルバルトの5段階教授法である1時間の授業の中に，「予備→提示→比較→総括→応用」という学習過程を組み込んだものから派生したと考えられる。この1時間単位の指導過程は，今日における「導入→展開→まとめ」とほぼ同じ指導過程でもある。

さらに，大正期から昭和初期に掛けて芦田恵之助は，1時間の授業を7つの段階に分け，「1．読む（教材の音読）→2．解く（感想を話し合い，本時の学習のめあてをつかむ）→3．読む（教師の範読）→4．書く（教材分の重要語句を教師は取り出して板書し，それを児童はノートに視写する）→5．読む（板書した内容を読んで確認する）→6．解く（板書した語句の意味を解説する）→7．読む（本時の学習を振り返り，板書を読む）」という芦田式七変化と呼ばれる，指導過程を用いて全国に授業を見せる行脚をした。映像メディアの発達していない時代に，直接学校に出向き，模範授業として行われていた。
　日本の学校における授業は，授業をよりよくしようとする教師の熱意と向上心によって支えられてきたと言っても過言ではない。この教師の授業研究による授業改善は，時代を超え，今日まで脈々と受け継がれている。
　しかし，今日，これまでに述べてきたように，学力観の転換を図らないと，知識基盤社会における学力の育成を図ることができない状況になってきている。
　これまで授業研究として行われてきた1時間単位の指導案を全面的に否定するものではない。経験の少ない先生方には，1時間の授業をどのように行うか，教材研究・教材解釈や学習者の理解，授業過程の編成等，1時間の授業を対象として指導案を書くことによって，さまざまな授業に対する見方を学ぶことがある。
　この1時間単位の指導案のよさを踏まえた上で，これからの時代が求めるのは，単元を単位とした指導案であると言いたい。

②単元（学習の流れ）を見通した指導案の必要性

　教育課程審議会答申「児童生徒の学習と教育課程の実施状況の評価の在り方について」（平成12年12月4日）を受け，平成13年4月27日に文部科学省初等中等教育局長から「小学校児童指導要録，中学校生徒指導要録，高等学校生徒指導要録，中等教育学校生徒指導要録並びに盲学校，聾学校及び養護学校の小学部児童指導要録，中学部生徒指導要録及び高等部生徒指導要録の改善等について（通知）」が出

された。

　このことを受け国立教育政策研究所教育課程研究センターが『評価規準の作成，評価方法の工夫改善のための参考資料（小学校・中学校）』（平成14年2月）を出した。高等学校は，平成16年3月に『評価規準の作成，評価方法の工夫改善のための参考資料（高等学校）』が出されている。なお，この指導要録の改善を受けて，指導要録の改善と評価規準が示されることは，平成20年度の学習指導要領の改訂でも行われた。

　この一連の学習と評価についての考え方の中で，目標に準拠した評価と観点別学習状況の評価の在り方が示された。そこでは，学習指導要領の「1 目標」と「2 内容」の「指導事項」とを評価規準とする評価の方向性が示され，「指導と評価の一体化」ということが求められた。

　平成13年の指導要録の改訂による評価規準の提示は，観点別学習状況の評価を学校教育で行うこととして定位した。

　観点別学習状況の評価は，当時，「関心・意欲・態度」，「思考・判断」，「技能・表現」，「知識・理解」という4つの観点で構成され，この観点を，各授業において，評価規準に合わせて評価することが求められることになった。

　この観点別学習状況の評価における4つの観点を，授業の学習の展開に沿って位置付ける場合，1時間単位の授業ですべての観点を評価することは，事実上困難である。そこで，単元全体の中に，4つの観点をその学習内容と学習活動に合わせて配置することが必要となった。学習指導案を，単元として示す根拠は，ここにある。

　授業の中で行う指導と，表裏一体のものとして評価があることは，言うまでもない。これまでにも「指導と評価の一体化」ということが繰り返し言われてきている。そこでは，指導する内容に評価規準が示されていなければ，何のために授業を行っているのかが分からない，単なる活動としての授業に終始してしまうことになる。

　この単元を見通した学習指導案に求められるものは，以下の内容である。

1) 単元の学習を通して，どのような学力の育成を図るのかを，指導案を書くことによって構想する。
   - 「付けたい力（育成すべき学力）」を明確にした指導案の重要性。
   - まず始めに「付けたい力」と，それと整合する「評価規準」を学習指導要領の「2内容」を参考に設定し，その評価規準を実現するための「評価方法」を考える。評価方法が考えられたら，それに合う「学習活動」を決める。
2) 学習要領の「1目標」「2内容」の記載事項と齟齬のない，指導目標の設定がされた指導案。
   - 「付けたい力→単元（教材）の目標」を考えるとき，学習指導要領の目標と内容，指導事項との整合性を図る。
   - 単元（教材）全体を通し，どのような学力を学習者に身に付けさせるのかを考える。
   - 指導案の内容に，「手だて」や「方法論」だけが示されていると，学力育成の内容が不明確になる。
   - 指導者が取り入れたい手だての計画案となってしまわないようにする。
3) 指導案を書くことで，授業者が授業構成を考える。
   - 指導案を書くことで授業の軸がどこにあるかを，書きながら指導者が考える。
   - 授業の展開を想定し，評価を行うために，学習者の思考の中身や展開が考えられていなくてはならない。
4) 単元全体の学習の意図と，学習の展開が分かるようにする。
   - 学習活動として，学習者の思考の流れが構想された指導案の記述が求められる。
   - 授業の参観者に読んでもらうためだけの指導案からの転換を図る。
   - 学習者に，どのような学力を，どの時間に育成するのかが分かる指導案の記述が求められる。
5) 「身に付けさせたい力」が明確に示されている。
   - 余分な学習活動をそぎ落とし，評価との関係が見える活動を中心に書く。

> ●学習活動が中心となる指導案では，学力育成の方向が見えず，単に活動のみが示されてしまう。そうなると「活動あって学びなし」の授業となる。

　これまでの学習指導案は，授業を見る者にとって必要なものであったのかもしれない。しかし，授業は誰のために行うのか，というと，学習者である児童生徒のために行われていることは，言うまでもない。

　授業研究が，教師の力量形成ということのみに焦点化されていた時代には，指導案による授業展開を重視することが意味のあることでもあった。しかし，時代は，学習者としての児童生徒の学力をいかに育成するかが課題となっている。授業は，その学力の育成のためにあるとすると，授業計画としての指導案の在り方も，今日，転換しなくてはならない。

③学習者自身の評価

　学習評価を行う，ということは，学習者に学力を付けることであることは言うまでもない。学習者自身が，自分がいつ，どこで，どのように，どのような学力を身に付けたか，ということを自己認識することは，身に付けた学力を意識できることになり，その学力が自分のものとなったことに気付くことになる。

1) 学習者に分かる学習過程と評価内容の提示をする

　学力が身に付いたことを自分自身で気付くようにするには，授業において，どのような学力が育成されるかを，学習者自身に指導者が自覚させることが重要である。

　そのためには，単元の授業における学習の展開と，その学習のプロセスの中で，どのような学力を，どのような学習活動を行うことによって身に付けられるのか，ということを，事前に学習者に示しておくことが必要となる。

　それは，指導者が作成した学習指導案を，学習者側からの学習活動案として，授業前に公開，開示することである。この授業計画を公開，開示することは，大学においてはシラバスということで行われている。

近年，中学校や高等学校においてもシラバスという用語を用いて，示すことも行われている。（このシラバスという用語については p.113 で述べている。）

小学校，中学校，高等学校においては，年間の指導計画は，各学校ごとに教育課程として編成されており，これをもって各単元の学習計画を示すことは可能である。

一つには，この年間の学習計画を，学習者である児童生徒に公開することが必要である。

二つには，年間の学習計画だけでなく，それを日々の授業として具体化されている単元ごとの指導計画を，児童生徒向けに書き換えた，学習計画も公開，開示したい。

1時間ごとの学習指導案を公開するには，すべての時間の指導案を指導者は書かなくてはならなくなる。しかし，単元ごとの指導案が作成されているのならば，それを学習者として，児童生徒向けの表現に書き換えることは可能である。

実は，指導者が作成した単元の指導案を，児童生徒向けの単元の学習活動案に書き換えることを行った教師から，「指導者の視点から書いていた指導案を，児童生徒向けの学習活動案に書き換えることにより，教師の側から学習者の側へと，授業の視座の転換を図ることができた。」という感想を伺ったことが多々ある。

そこには，指導者の視点から見ていた授業を，視点を変えて学習者の立場から授業を捉えることの重要性が見て取れる。

2） 学習者自身の評価を取り入れる

学習者が自分で行う評価を，自己評価という。この自己評価については，中央教育審議会 初等中等教育分科会 教育課程部会「児童生徒の学習評価の在り方について（報告）」（平成22年3月24日）で，以下のような記述がある。

> なお，児童生徒が行う自己評価や相互評価は，児童生徒の学習活動であり，教師が行う評価活動ではないが，児童生徒が自身のよい点や可能性について気付くことを通じ，主体的に学ぶ意欲を高める

こと等学習の在り方を改善していくことに役立つことから，積極的に取り組んでいくことも重要である。　　　　　　　　　　(p.12)

　ここには，自己評価や相互評価は，児童生徒の学習活動であるとされている。学習評価は，指導者としての教師が，それぞれの教科科目，単元（題材）の目標に合わせて，授業の中で，学力を意図的・計画的に育成した場合において行われる。したがって，学習評価は，あくまでも指導者である教師が行うべきものである。
　学習者としての児童生徒にとっては，自己の学習を振り返り，そこでの学習で自分の学習をメタ認知し，どのような学力が身に付いたのかを自覚することが重要となる。この行為こそ，自己評価と言えよう。
　これまでの授業でも，「振り返り」ということは行われてきたが，しかし，単に振り返っても，それが自覚的に意味付けられていなければ，学力として定着することはない。したがって，授業が終わるたびに何の目的もなく「振り返り」を書かせることは，学習として意味のないことをさせているに過ぎないと言っても，言い過ぎではない。
　また，相互評価においては，自己評価では気付かなかったことを，他者の視点から，相対化された評価を受けることになる。
　この自己評価や相互評価を行わせることは，学習者に単元の指導案の公開・開示をすることによって，学習の**見通し**と**振り返り**とを意識させることにもなる。各授業において，学習目標の明確化を図り，その学習目標を，あらかじめ，児童生徒に意識させておくことは，学習の見通しを学習者に持たせることになる。
　この学習者としての児童生徒の自覚的な学習への取り組みが，学習への主体的な取り組みとなり，そこに学習意欲が働くことになる。

●教材研究としての学習問題の意味

　教材研究の考え方も，時代の中で，少しずつその意味が変わりつつある。今日求められる教材研究は，教材内容を解釈し，その内容を学習者に伝えるための方法と手順や手続きを明確にするためだけでなく，学習者にとって学習がどのようなものであるかという，学習者の地平

からの研究も重要となっている。

　この教材研究の究極の目的は、学習者に、いかに学力を育成することができるか、という一言に尽きる。

　この目的を実現するために、今日的教材研究をどう行うかを考えたい。

①教材研究の手続き

1) 単元を通して育成すべき学力の設定をする

- 学年を通した「育成すべき学力（付けたい力）」とは、各単元の授業で行われる目標の内、その単元にかかわる最重要項目のことである。
- 「育成すべき学力（付けたい力）」は、学習指導要領の各教科の「②内容」の「指導事項」の項目として示されている。

2) 単元の評価規準の設定をする

- 単元の評価規準を基に、各観点の評価内容を設定する。
- この評価規準の設定は、【評価規準の作成のための参考資料、評価方法等の工夫改善のための参考資料】国立教育政策研究所教育課程研究センター

　　http://www.nier.go.jp/kaihatsu/shidousiryou.html を参考にするとよい。

3) 単元の目標（学習課題）の設定をする

- 評価規準を基にして、その単元で「付けたい学力」の目標が学習課題となる。

　この単元の目標（学習課題）は、評価規準を基にしているため、抽象度の高いものとなっている。そこで、この単元の目標（学習課題）を始めに学習者に提示するのは、控えた方がよい。

　学習指導要領の文言を、第一に、確認する。

例 学習指導要領　算数　第5学年

　２内容　A 数と計算

　（4）分数についての理解を深めるとともに、異分母の分数の加法及び減法の意味について理解し、それらを用いることができ

　　　　るようにする。
　　　オ　異分母の分数の加法及び減法の計算の仕方を考え，それら
　　　　の計算ができること。
　➡上記の「付けたい学力」から，単元の目標（学習課題）を設定す
　　ると，以下のようになる。
　　「異分母の分数の足し算引き算の計算の仕方を理解し，それらの
　　計算ができるようにする。」

例 学習指導要領　国語　第3学年及び第4学年
　2内容　C読むこと
　　　ウ　場面の移り変わりに注意しながら，登場人物の性格や気持
　　　　ちの変化，情景などについて，叙述を基に想像して読むこと。
　➡上記の「付けたい学力」から，単元の目標（学習課題）を設定す
　　ると，以下のようになる。
　　「物語の場面の移り変わりに注意しながら，登場人物の性格や気
　　持ちの変化，情景などについて，叙述を基に想像して読んでい
　　る。」

- 学習指導要領の「目標」「内容」を，教材にあわせてより具体的なものとする。

4) 教材の選定を適切に行う
- 単元の目標（学習課題）を実現すべく，付けたい力を育成するのに適切な教材を決める。
- 内容教科（算数・数学，理科，社会等）によっては，教材そのものに評価規準が示されている教科もある。
- 「はじめに教材ありき」ではない。育成すべき学力を実現するのにふさわしい教材を用いる。特に，国語の場合等。

5) 教材解釈・教材理解研究を行う
- 教材研究を通して，単元の目標（学習課題）を実現するために，授業の中でどのような具体的な活動を行い，どのような学力をつけるのかを明らかにする。

6) **単元全体での学習活動が行える「学習問題」の設定を行う**
- 学習者は，単元の目標（学習課題）に示されている学力を，学習活動を通して身に付ける。したがって，単元の目標（学習課題）を実現できるような学習活動を授業として行わなくてはならない。そのための学習問題が重要となる。

【算数科では……】
例「$\frac{1}{2} + \frac{1}{3} = \frac{5}{6}$ になることを説明しよう。」
などのように，なぜそのような計算結果になるのかについての説明を求めるような学習問題の設定をする。

【国語科では……】
例 学習問題
　「スーホは，どこへ行くときも，この馬頭琴をもっていきました。」とあるが，なぜか。
　「『ごんは，ぐったりと目をつぶったまま，うなずきました。』とあるが，なぜ，うなずいたのか。」
などのように，教材文を全体を丸ごと読んで文章全体の関係把握をしないと答えられないような学習問題の設定をする。

　学習者が授業で学力を育成するためには，学力の内容を明確に学習者に意識させることが重要である。そして，その学力の育成のためには，授業でどのような活動を行えばよいのか，その具体も示すことが必要である。
　そのためには，学習者の活動の具体が分かる学習問題が最も重要となる。

②国語における学習問題
　近年，各教科等における言語活動の充実ということが言われる中で，国語科の授業においても，言語活動の充実が図られるようになっている。そこで気を付けなければならないのは，昭和20年代の国語科の授業にもあったように，言語活動のみを対象化すると，活動だけに焦

点が当てられ，何のために活動をするのか，ということが忘れ去られてしまう授業が出現することである。

　例えば，「今日の授業はよかった。子どもたちが積極的に話し合っていた。」「グループにしたら，よく話をしていた。」「本の帯づくりがきれいにできた」等，外言化された活動が活発に行われたことのみを持って，言語活動が充実したと錯覚することである。

　言語活動の充実は，あくまで，言語活動を通して，言語能力が育成されたときに，初めて言えることであることを，確認しておきたい。

　国語科における問題解決学習でも，学習問題を作ることに焦点が当てられ，その単元で育成すべき学力の育成が顧みられず，単なる学習問題を作る，という活動のみが行われているのならば，言語能力の育成を図る授業とは言えない。

　平成20年版の学習指導要領では，学習指導要領の「1目標」と「2内容」，「指導事項」とに学力の内容が示されている。ここに示されている学力は，小学校の国語から，中学校の国語，高等学校の必修科目である「国語総合」へと系統的に，発達の段階に沿って示されている。

　それは，他教科についても同様である。

　この学習指導要領に示されている学力を，教育課程におけるそれぞれの単元において育成すべき学力として明確に示し，そこで示されている学力を，授業を通して学習者に育成することが求められている。

　こう考えると，学習者が，それぞれの読みを自分の課題として持ち，それぞれ異なる課題を教室全体で一つの課題としてまとめていく，というような問題解決学習では，付けようとしている学力の内容が見えない学習となってしまうことになる。

　したがって，これからの時代が求める学力の育成を図る国語の授業では，指導者である教師が，それぞれの単元で育成すべき学力の内容を教育課程として措定し，編成し，意図的・計画的に，学力の育成を行っていかなくてはならない。

4 学習者個人の授業における学習プロセス

(1) 一人で学ぶ

　　学習は，個人が学習対象を受信し，その受信した内容に対して考えを巡らすことから始まる。一人一人の学習者が，まず，自分の考えを創らなくては，授業で他の学習者と関わりを持つことはできない。

　　学校教育における教室は，基本的には，みんなで学ぶことによって自己相対化を図りつつ，最終的には個人に学習が回帰できなくては，学力の育成は図れない。そのためにも，まず，自己の学習の確立が求められる。

　　「一人で学ぶ」ということは，この自己の学習の確立を図ることになる。この「一人で学ぶ」ということは，自分の考えを何度も問い直すことでもある。

(2) みんなで学ぶ

●みんなで学ぶことの意味

　　学習するということは，まず，個が自分の学習の確立を図ることによって始まるが，学校教育における学習は，他者との関わりによって学ぶことが重要であり，そこに学校教育の意味もある。

　　そこで，一人で学んだことを，他者との関わりを通してメタ認知していくことが求められる。知識を習得するだけではなく，授業の中でのコミュニケーションを通し，独り善がりでない自己の確立を図っていく。そのためには，授業を通して，他者との交流による自己相対化を行う能力の育成を図ることが重要となる。

その具体としては，次のようなことが必要となる。

①**自分の座席の隣の子に説明をしたり，相談や交流をする。**
- 初めは，ペア学習。
- 相手に分かるように説明することができることを目指す。
- どこまで分かったか，分からないことは何か，を明確にする。

②**自分と近い子との交流を図り，次第に席の遠い子との交流を図る。**
- グループ学習（人数は，4名程度が話をしやすい。）
- 安易なグループ学習にはしない。
- ジグソー学習（特派員）[*1]など，その後のクラス全体での交流を意識した学習形態を考えておくとよい。

③**分かる子が教えるのではなく，分からなくても初めは座席の近くの子と話す。**
- 初めは分からなくても，話していくうちに考えが整理されたり，分かったりするようになる。
- 自分と友だちとの相違点や共通点について気付かせる。
- 違いを知ることによって，認め合うことの大切さに気付かせる。
- 自分自身のよさを自覚させる。

④**クラス全体での話し合いを行い，自分の考え方や見方を確認する。**
- 自分の考えを発表したり，友だちの考えを聴いたりして，さらに深める時間にする。
- 全体での話し合いは，学習内容に合った座席の形態を取る。
  コの字型，V字併用型，円型＝お互いの顔が見合えるようにする。

● **みんなで学ぶ，学び方**

①ルール
1) 自分のありのまま（本音）を出し切る（発表者）。
2) 発表者は，普段の話し言葉「〇〇だよ」「〇〇だね？」でよい。
　　　丁寧なことば使いを求めることで発表者へのプレッシャーを与え

[*1] グループ学習における，他グループとの交流を図る学習形態。

ないようにするために，普段，子ども同士が話すことばで話させる。敬語等は，例えば職員室への出入りや改まった場などで指導すればよい。
3) 聴いていく側は，「聴いていますよ」オーラを出し，発表者に安心感を与える。
4) ちがう考えを大切にする（聴く側）。
5) 自分なりのオリジナルな反応を返す（つなげる）。
6) 友だちの考えから気付いたこと，自分の考えの変化などを表現（話す・書く）する（つなげる）。

②きっかけとなることば掛け
- 「みんな，聴いて！」「話してもいい？」（出番のアピール）
- 「○○さんが言うよ！」（○○さんの出番づくり）
- 「ここが分からないんだけど……」（困っていることのアピール）
- 自由に言える雰囲気づくり，つぶやきを大切にする。

③聴いている側への確認をしながら発表する
- 「ここまでどう？」「ここまで分かった？」「ここまでいい？」
- 聴いている側が分かりやすいように，長く話さない。区切りながら話す。

④発表者に，聴いていることが分かるような反応を返す
- 「うん。」（うなずく）
- 「〜に賛成（反対）なんだけど。」
- 「早くてよく分からない。」「もう一回行って。」
- 「もうちょっと大きい声で。」
- 「分かった！」
- 「○○さんの〜があまり分からなかったよ。だから，分かる人もう1回教えて。」
- 「あぁ，そういうことか。」
- 「分かった。でも〜」
- 「○○さんは，こう言いたかったんだと思うよ。」　等

●「相談タイム」を採り入れて，一人で考えた内容を吟味する時間をもつ

「相談タイム」は，学習者が自分の考えを確認したいときや不安に思っているときに取り入れる。また，場合によっては，話し合いが途切れたり，次の話題や内容に展開を図るときに用いてもよい。

①基本型
【STEP1】：発表者の言いたいことが分かったか？　確認し合う。
【STEP2】：その考えに自分は賛成なのか反対なのか，疑問や自分の立場をはっきりさせる。
【STEP3】：誰の出番なのか，その考え（を発表すること）が今のタイミングでいいのかを確認したり，考えたりする。

②場面
- 発表と発表の間に入れる。《発表→反応→相談（約30秒）→発表》
- 意見が途切れた時。
- 課題に対するズレの修正や考えを深めたい時。

③ルール
- 時間は30秒から1分くらい。長すぎない。

　この「相談タイム」の時間が長いと，相談の中で考えがまとまってしまったり，深まったりしてしまい，学習者はそれで満足して，発表をしなくてもよくなってしまうことがある。自己完結してしまう。

- 全員が参加する。

　先ず，隣の席の子と相談，そしていろいろな子へと広げる。

- 図や絵を描きながら相談するとよい。

　常に教室に用紙を用意しておき，必要に応じて渡したり，取りにくるようにしたりする。また，ホワイトボードの使用も考えられる。

- 相談相手の出番を支える。

　「いい考えだから発表してごらんよ。」等，いい考えがある子の発表を促す。

- 誰に向かって言うのか。また，誰の発表に「つなげる」発言をするのか，を決める。

(3) 学びを振り返る

学びを振り返ることは，平成20年版の学習指導要領にも，次のように総則で示されている。

> 第4　指導計画の作成等に当たって配慮すべき事項
> (4) 各教科等の指導に当たっては，児童（生徒）が学習の見通しを立てたり学習したことを振り返ったりする活動を計画的に取り入れるよう工夫すること。
> 　　　　　　　　　　　　　　　　　　　　（小 p.16，中 p.18）

自分の学習を振り返り，学習内容をメタ認知することは，授業を通して，自分自身の考えの変化や深まりに気付かせ，今ある自分を自覚させることでもある。それは，単なる振り返りではなく，リフレクション（Reflection）としての意味を持つ。リフレクションとは，自分の学習を跡付けて再構成し，吟味して，意味付ける学習行為のことである。そこでは，次のことが問われている。

◆ 自分の考えや立場は，何によって（誰によって）変わったか，深まったか。
◆ 自分のこれからの課題に気付く。

自己のよりよい向上のためには，今ある自分に気付き，それをいかによりよい自分へと高めていくか，ということが問われる。そこに，この「学びを振り返る」ことの意味がある。

「学びを振り返る」ことは，学習者自身の学習に対する自己評価が行われるということでもあるため，自己相対化の視点を持っていない学習者がこのことを行うには，難しさがある。

そこで，まず，小学校の低学年などの自己相対化が難しい年齢の学習者には，単元の内容の平易なもので，メタ認知を行う練習のためのスキルを行うことが望ましい。また，低学年の場合には，教師が授業の終了時に学習を振り返り，授業評価としてよい点や改善点を「この話がよく聞けてたね。」「～さんの発表は，前の○○君の発言を受け

て話せたね。」等，具体的に示し，評価することも有効である。

　教師は，授業中発言されたさまざまな考えの中から本時のねらいに合う考え方を，学習者に共有させ，それを評価することで，「学びを振り返る」ことを行いたい。

　この共有化については，授業中に発表したことや発表を聞いて気付いたことを，ノートや振り返りカードへの記述をさせることで，より深まる。また，この振り返りを家庭学習として，宿題にすることも有効である。

　さらに，この振り返りの記述を，次の時間の始めに扱い，前時とつなげることも大切である。

(4) 単元を通した授業過程

　「一人で学ぶ，みんなで学ぶ，学びを振り返る」の一連の学習は，1時間単位の授業を対象としているのではなく，単元としての全体の学習の中に位置付くものである。学ぶということは，内容の文脈に沿って位置付けられるべきものである。にもかかわらず，学習を時間単位に切り分けて行われることが，これまで多くあった。それでは，学習する内容や方法の関係把握をすることができず，分断化された学習となり，学習全体の構造や全体像を見失うことになる。

　1時間単位に切り分けて学ばせるということがなぜ，今まで学校教育において行われてきたかというと，これまでの学力観が，主として知識の習得と再生とを中心としてきたからに他ならない。

　知識の再生と習得とが中心として行われる授業は教師主導の単方向のものとなり，学習者は，授業内容を単に受容するだけという，一方的な講義形式の授業となる。そこには，授業の主体となる学習者の姿はない。

　このような授業観からの転換には，1時間単位の授業ではなく，単元全体として構造化が図られた授業過程が求められる。単元を通した授業過程の工夫により，複数の授業時間の関連性が図られ，授業の構造化が行われる。授業は，1時間1時間の積み上げによって成立する

が，常に，同じような授業を繰り返すだけでは，その積み上げの成果が見えにくい。単元を通して授業過程を考えることにより，授業内容の連関性が見えやすくなる。

　この学習内容の連関性の中に「一人で学ぶ，みんなで学ぶ，学びを振り返る」という学びの過程が組み込まれることにより，能動的な授業の構造化がさらに進められるのである。また，そこには，他者とのコミュニケーションが関わるので，このような授業こそ，これからの時代が求める授業過程と言えよう。

参考文献

本書で引用または参考にしている主な文献を記します。

●文部科学省
- 「初等中等教育における教育課程の基準等の在り方について（諮問）」［平成26年11月20日］，中央教育審議会，2014
- 「新たな未来を築くための大学教育の質的転換に向けて：生涯学び続け，主体的に考える力を育成する大学へ（答申）」［平成24年8月28日］，中央教育審議会，2012
- 「教職生活の全体を通じた教員の資質能力の総合的な向上方策について（答申）」［平成24年8月28日］，中央教育審議会，2012
- 「言語活動の充実に関する指導事例集：思考力，判断力，表現力等の育成に向けて」［（小学校版）平成23年10月］，2011／［（中学校版）平成23年5月］，2011／［（高等学校版）平成24年6月］，2012
- 「児童生徒の学習評価の在り方について（報告）」［平成22年3月24日］，中央教育審議会，2010
- 「幼稚園，小学校，中学校，高等学校及び特別支援学校の学習指導要領等の改善について（答申）」［平成20年1月17日］，中央教育審議会，2008
- 「言語力の育成方策について（報告書案）【修正案・反映版】」［平成19年8月16日］，2007
- 「教育課程部会におけるこれまでの審議のまとめ」［平成19年11月7日］，中央教育審議会，2007
- 「我が国の高等教育の将来像（答申）」［平成17年1月28日］，中央教育審議会，2005
- 「読解力向上プログラム」［平成17年12月］，2005
- 「読解力向上に関する指導資料：PISA調査（読解力）の結果分析と改善の方向」［平成17年12月］，2005
- 「新しい時代の義務教育を創造する（答申）」［平成17年10月26日］，中央教育審議会，2005
- 「これからの時代に求められる国語力について」［平成16年2月］，文化審議会，2004
- 「小学校児童指導要録，中学校生徒指導要録，高等学校生徒指導要録，中等教育学校生徒指導要録並びに盲学校，聾（ろう）学校及び養護学校の小学部児童指導要録，中学部生徒指導要録及び高等部生徒指導要録の改善等について（通知）」［平成13年4月27日］，2001
- 「児童生徒の学習と教育課程の実施状況の評価の在り方について」［平成12年12月4日］，教育課程審議会，2000

- 「通学区域制度の弾力的運用について（通知）」［平成 9 年 1 月 27 日］，1997
- 「21 世紀を展望した我が国の教育の在り方について（第一次答申）」［平成 8 年 7 月 19 日］，中央教育審議会，1996
- 「小学校及び中学校の指導要録の改善について（審議のまとめ）」［平成 3 年 3 月 13 日］，小学校及び中学校の指導要録の改善に関する調査研究協力者会議，1991
- 「教育改革に関する第三次答申」［昭和 62 年 5 月］，臨時教育審議会，1987

◉国立教育政策研究所　教育課程研究センター
- 「平成 24 年度プロジェクト研究調査研究報告書　教育課程の編成に関する基礎的研究報告書 5」［平成 25 年 3 月］，2013
- 「評価規準の作成, 評価方法等の工夫改善のための参考資料」［平成 23 年 11 月］，2011
- 「平成 15 年度小・中学校教育課程実施状況調査結果の概要」［平成 17 年 4 月］，2005
- 「評価規準の作成，評価方法の工夫改善のための参考資料：評価規準，評価方法等の研究開発（報告）」［（高等学校）平成 16 年 3 月］，2004 ／［（小学校／中学校）平成 14 年 2 月］，2002

◉その他の文献（書籍や雑誌）
- 田中孝一「言語活動の充実と教育改革」（『内外教育』所収，時事通信社，平成 25 年 1 月 29 日），2013
- 横浜国立大学教育人間科学部附属教育デザインセンター『教師として成長し続けるために』（インターネット掲載）http://www.edu-design.ynu.ac.jp/no37/，2012
- 文部科学省生涯学習政策局調査企画課編著『諸外国の教育改革の動向：6 か国における 21 世紀の新たな潮流を読む』ぎょうせい，［平成 22 年 4 月］，2010
- 田中耕治『新しい学力テストを読み解く』日本標準，［平成 20 年 6 月］，2008
- ドミニク・S・ライチェン，ローラ・H・サルガニク編著／立田慶裕監訳『キー・コンピテンシー：国際標準の学力をめざして』明石書店，［平成 18 年 5 月］，2006
- 常盤豊「提言　言葉の力を育てよう」（『中等教育資料』所収，ぎょうせい，平成 17 年 12 月号），2005
- 経済協力開発機構（OECD）・OECD 教育研究革新センター編著『図表でみる教育 OECD インディケータ（2004 年版）』明石書店，［平成 16 年 10 月］，2004
- 国立教育政策研究所編『生きるための知識と技能』ぎょうせい，［平成 14 年 2 月］，2002
- B.S. ブルーム，J.T. ヘスティングス，G.F. マドゥス／渋谷憲一・藤田恵璽・梶田叡一共訳『学習評価ハンドブック（上・下）』第一法規，［昭和 49 年］，1974
- B.S. ブルーム，J.T. ヘスティングス，G.F. マドゥス／梶田叡一・渋谷憲一・藤田恵璽共訳『教育評価法ハンドブック：教科学習の形成的評価と総括的評価』第一法規，［昭和 48 年］，1973

おわりに

　教育は，未来を創ることにある。
　その未来を創るにあたっては，未来に生きる学力を育成しなくてはならない。教育は，本来保守的なものであり，過去に起きた事実や出来事，知識等の継承と伝承とを行うものである。しかし，子どもたちが大人になったとき，そこで有用とされる学力が現時点のままの学力だけでは，未来が創れないことは，明白である。だからこそ，教育においては，現状認識を踏まえた上で，絶えざる自己変革を行っていかなくてはならない。
　顧みると，この数十年間，教育改革が数度にわたり行われてきたことは事実としてある。一方，学校での授業を見ると，旧態依然とした教師がしゃべりっぱなし，いわゆる「トークとチョークとワークシートの授業」からの転換が図られていない授業も数多く認められる。
　「授業を変える」ということは，授業を教えている教師自身の教育に対するパラダイムの転換が図られなくては，その実現はない。そこで教師には，自分がそれまで慣れ親しんできた授業を，もう一度問い直すことが求められる。子どもたちの未来を創るために，教師は学び続けなくてはならない。時代の中で，これからの時代を見つめ，そこでどのような学力を身に付ければ未来に生きていけるのか，という問いかけなくしては，子どもたちの未来を創ることのできる教師とはいえない。
　今日，教育を問い直すことは，日本の教育がだめだから再生しなくてはならない，ということではない。また，そこでは，再生という言葉を用いる必要もない。日本の教育は，これまでも優れている。その日本の優れた教育をいかに継承し，その発展をいかに図るかが，今日的な教育の課題である。
　時代が求める学力は，一人一人の学び手の学力育成の保障が重要となる。それは，さまざまな個としての子どもたちの成長を支えるものでもある。集団を対象とした学力育成から個を対象とした学力育成への転換も，重要となる。ただし，個の学力育成を図ることは，一人一人が切り離されていては，実現が不可能である。

だからこそ，学校という個と個とが関わり合う集団としての機関において，他者との関わりを通して，個の成長を図ることになる。ここに，学校教育における授業の意味がある。
　集団内における個と個との関わりが，授業では重要である。したがって，授業においては，教師が解説や説明，答えを教えるのではなく，子どもたち同士が関わり合いを通して，それぞれの考えを広げたり深めたりすることが重要となる。
　授業において子どもたち同士が関わり合い，それぞれの個を尊重し，それぞれの個が考えたことを他者に伝え合い，さらに考えを深めたり広げたりするためには，子ども同士が関わる時間を十分に保障しなくてはならない。これまでの授業のように，教師が一方的に話していては，子ども同士の関わる時間がなくなってしまう。まずは，教師が子どもの発言を「待ち」子どもの発言を「聴く」ことが重要となる。
　子どもたちは，授業という他者との関わりの中で，自分のものの見方や考え方を相対化することにより，実社会・実生活の中で通用する学力の育成を図っている。学校は，個の社会化への基盤を創る機関でもあり，社会の中で生きていく能力を育成する機関でもある。この学校という機関のあり方の転換が，今，問われている。

＊

　最後に，本書を上梓するにあたって，横浜国立大学教育人間科学部附属教育デザインセンター主任研究員の白井達夫先生には，第一番目の読者として本書の推敲・再構成をしていただきました。白井先生からのご助言によって，本書が成ったとも言えます。深く感謝し，御礼を申し上げます。
　さらに，三省堂の石戸谷直紀さん，安藤美香さんには，本書の構成と原典の確認・点検とで，大変お世話になりました。記して，感謝申し上げます。

　　2015年4月

　　　　　　　　　　　　　　　　　　　　　　髙木　展郎

● 著者紹介

髙木展郎（たかぎ・のぶお）

横浜国立大学教育人間科学部教授。
1950年横浜市生まれ。横浜国立大学教育学部卒、兵庫教育大学大学院学校教育研究科言語系修了。東京都公立中学校教諭、神奈川県立高校教諭、筑波大学附属駒場中学・高等学校教諭、福井大学、静岡大学を経て、現職。専門分野は教育方法学、国語科教育学。
主な著書に、『国語科の指導計画作成と授業づくり』（共編著・明治図書、2009）、『各教科等における言語活動の充実』（編・教育開発研究所、2008）、『ことばの学びと評価』（三省堂、2003）などがある。

変わる学力、変える授業。
21世紀を生き抜く力とは

2015年4月10日　第1刷発行

著　者　髙木展郎
発行者　株式会社 三省堂　代表者 北口克彦
印刷者　三省堂印刷株式会社
発行所　株式会社 三省堂
　　　　〒101-8371 東京都千代田区三崎町二丁目22番14号
　　　　電話　編集 (03) 3230-9411
　　　　　　　営業 (03) 3230-9412
　　　　振替口座　00160-5-54300
　　　　http://www.sanseido.co.jp/

落丁本・乱丁本はお取り替えいたします　　Printed in Japan
〈変わる学力・232pp.〉
ⓒNobuo Takagi 2015
ISBN978-4-385-36179-6

Ⓡ本書を無断で複製複写することは、著作権法上の例外を除き、禁じられています。本書をコピーされる場合は、事前に日本複製権センター (03-3401-2382) の許諾を受けてください。また、本書を請負業者等の第三者に依頼してスキャン等によってデジタル化することは、たとえ個人や家庭内での利用であっても一切認められておりません。